JN104755

'본고장의 맛' 한국요리 25선

「本場の味」韓国料理25選

朴正娥（박정아）

石塚由佳（이시즈카 유카）
文雅炫（문아현）

HAKUEISHA

「本場の味」韓国料理 25 選

　昔から韓国人は共に食卓を囲むことを何より重要に考え、客を招待すれば心を込めて料理を作って共に味わい、楽しい雰囲気で談笑を楽しんだ。一緒に食事をすれば情が湧き、もっと親しくなれると考え、客との食事を大切に考えてきたのだろう。近くに韓国人の知人がいれば、「一緒に食事しましょう！」「美味しいものを食べに行きましょう」という言葉をよく聞いたことだろう。韓国人にとって食事を共にすることは単純に空腹を紛らすという意味ではなく、暖かな情を分かち合い、親しくなる重要な出会いであり、大切な時間なのだ。

　日本では韓流への愛情と関心が長く続いてきた。その中で韓国料理に対する人気も大変なものがある。街には和食、洋食、中華等のレストランがたくさん建ち並んでいるが、韓国への関心が高まるにつれて韓国料理のレストランも多くなった。もう韓国に行かなくても近場で韓国料理を味わえるようになった。韓国人として自国を心から誇らしく感じる。

　ただ残念な点があるとすれば、韓流ブームによりどこに行っても韓国料理店が増えて便利になったのは事実だが、伝統の韓国料理よりヒュージョン韓国料理や日本風の韓国料理が多くなったという点だ。伝統韓国料理の種類の多さをすべて伝えることは難しいが、微力ながら一部だけでも韓国料理の味と趣、真の魅力をお伝えしたい。

　『「本場の味」韓国料理 25 選』は韓国料理教室で紹介し、試行錯誤を経て作ったレシピの中から、主食 6 選、副食 14 選、おやつ 5 選の計 25 選を準備した。主食および副食は宮廷料理、お祝いの席の料理、家庭料理として韓国人の食卓によく上る料理を選び、おやつは老若男女に好まれて簡単に作れるものを集めた。韓国語と韓国料理に関心をお持ちの方にできるだけわかりやすく見ていただけるように写真と作り方を並べて配置した。韓国語を学ぶ学習者の方が韓国料理を作りながら韓国語も簡単に学べるように日本語と韓国語の説明、韓国料理でよく使う韓国語の語彙も整理して付けた。さらに韓国語の教育現場において授業の資料作りで苦労されている先生方が韓国文化の授業資料として活用できるようにという思いから韓国語講師の先生方と研究の末、執筆した。

この本を通して韓国への愛と韓国料理への愛が日本でより一層熱くなることを願う。

　韓国料理を作りながら楽しい時間を共有した韓国料理教室の受講生のみなさんに心から感謝の気持ちをお伝えしたい。また共に研究し、韓国語と日本語の表現を細かく見て下さった先生方と関係者の皆様、すべての方々のお力添えがなければ、本書を準備し発刊に至るのは難しかったことだろう。お一人お一人に心から感謝申し上げたい。

　最後に韓国料理の魅力を伝えるには微力な点が多いが、暖かい目で見守っていただければ幸いだ。今後も「本場の味」韓国料理を発信するため多くの経験を積み、研究を重ねて努力することをお約束したい。

カムサハムニダ

2023.02.01.

朴正娥

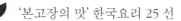

'본고장의 맛' 한국요리 25선

　예로부터 한국인들은 어울려 식사하는 것을 매우 중요하게 생각해서, 손님을 초대하면 정성껏 음식을 만들어 함께 맛보며 즐거운 분위기에서 담소를 즐겨왔다. 함께 식사를 하면 정도 들고 더욱 친해질 수 있다고 생각하기 때문에 손님과의 식사를 매우 중요하게 생각해 온 것 같다. 주위에 한국인 지인이 있다면 "함께 식사해요!" "맛있는 거 먹으러 가요" 라는 말을 많이 들었을 것이다. 한국인에게 있어서 식사를 함께하는 것은 단순히 허기를 달래는 뜻이 아닌 따뜻한 정을 나누고 친분을 쌓아가는 중요한 만남이고 귀중한 시간이다.

　일본에서는 한류에 대한 사랑과 관심이 오랫동안 이어지고 있다. 그중에서도 한식에 대한 인기도 대단하다. 거리에는 일식, 양식, 중식 등의 레스토랑이 즐비하게 많지만 한국에 대한 관심이 드높아지면서 한식 레스토랑도 많아졌다. 이제는 한국까지 가지 않아도 가까운 곳에서 한식을 맛볼 수 있게 된 것이다. 우리나라가 정말 자랑스럽고 한국인으로서의 긍지를 더욱 느끼게 된다.

　다만 아쉬운 점이 있다면, 한류 열풍에 이어 자연스럽게 어디를 가도 한식당이 많아 편리해진 건 사실이지만 전통 한식보다 퓨전 한식과 현지화된 한식이 많다는 점이다. 전통 한식의 종류가 얼마나 많은지 모두 전하는 건 어렵지만 일부만이라도 미약하지만, 한식의 맛과 멋, 참다운 매력을 전하고 싶다.

　'본고장의 맛' 한국요리 25선은 한국요리교실에서 소개해 드리고 시행착오를 거쳐 작성한 레시피 중에서 선택한 주식 6선, 부식 14선, 간식 5선으로 총 25선을 준비했다. 주식 및 부식은 궁중 요리, 잔치 요리, 집밥 요리로 한국인의 밥상에 자주 오르는 한식을 선택했고, 간식은 남녀노소 모두가 좋아하고 간단하게 만들 수 있는 한식을 모아 준비했다. 한국어와 한식에 관심을 가지고 계신 분들이 쉽게 이해하며 읽어보실 수 있도록 사진과 만드는 법을 함께 배치했다. 한국어를 배우는 학습자 분들이 한식을 만들어 보면서 한국어도 쉽게 공부할 수 있도록 일본어와 한국어 설명, 한식에 자주 사용되는 한국어 어휘도 정리해서 첨부했다. 더불어 한국어 교육 현장에서 수업 자료를 작성하시며 고생하시는 선생님들이 한국 문화 수업 자료로 유용하게 활용하실 수 있기를 기대하는 마음으로 한국어 강사님들과 연구하며 집필했다.

　이 책을 통해 한국 사랑 · 한식 사랑이 일본 현지에서 더욱더 뜨거워지길 소망하는 바이다.

　한국요리를 만들며 즐거운 시간을 함께 공유한 한국요리교실 수강생 여러분께 진심으로 감사의 마음을 전하고 싶다. 또한, 함께 연구하고 한국어와 일본어 표현을 꼼꼼하게 봐

주신 선생님들과 관계자 여러분, 모든 분들의 도움이 없었다면 '본고장의 맛' 한국요리 25선을 준비하고 발간하기까지 어려움이 많았을 것으로 생각한다. 한 분 한 분께 진심으로 머리 숙여 감사의 말씀을 전하고 싶다.

마지막으로 한식의 매력을 전하기에 너무나 미력하고 모자람이 많지만, 너그러이 봐주시고 이해해 주시기를 바란다. 앞으로도 '본고장의 맛' 한국요리를 알리기 위해더 많은 경험을 쌓고 연구하고 노력할 것을 약속드린다.

감사합니다.

2023.02.01.

박정아

目次

第1部 韓国料理について 11

　1. 韓国料理の特徴　12

　　（1）主食と副食に分かれる

　　（2）多様な調理法と地域別の郷土料理が発達

　　（3）発酵食品が発達

　　2. 韓国料理の種類　13

　　（1）主食類

　　（2）副食類

　　（3）デザート類

　　3. 韓国料理の膳立て　18

　　4. 韓国料理に使われるヤンニョム　18

　　5. 韓国料理に使われる飾り　18

　　6. 本書における計量法　18

第2部「本場の味」韓国料理25選 27

−日本語と韓国語で学ぶ韓国料理−

　主食　29

　1 牡蠣のトック　31

　2 えごまカルグクス　35

　3 かぼちゃ粥　39

　4 豆もやしご飯　43

　5 豆乳そうめん　47

　6 チェンバンマッククス（お盆混ぜそば）　51

副食　　　　　　　　　　　　　　　　　　　　　55

1 海鮮チヂミ　　　　　　　　　　　　　　　　　57

2 チャプチェ　　　　　　　　　　　　　　　　　61

3 牛骨トガニスープ　　　　　　　　　　　　　　65

4 クジョルパン　　　　　　　　　　　　　　　　69

5 どんぐりのムクの和え物　　　　　　　　　　　73

6 ポッサム　　　　　　　　　　　　　　　　　　77

7 プデチゲ　　　　　　　　　　　　　　　　　　81

8 爆弾ケランチム　　　　　　　　　　　　　　　85

9 豆もやしと干し鱈のスープ　　　　　　　　　　89

10 プルコギ　　　　　　　　　　　　　　　　　93

11 さば大根の甘辛煮　　　　　　　　　　　　　97

12 じゃがいもチヂミ　　　　　　　　　　　　　101

13 トマトキムチ　　　　　　　　　　　　　　　105

14 キムチ　　　　　　　　　　　　　　　　　　109

おやつ　　　　　　　　　　　　　　　　　　　113

1 ヤンニョムチキン　　　　　　　　　　　　　115

2 海苔混ぜ込みおにぎり　　　　　　　　　　　119

3 ソットクソットク　　　　　　　　　　　　　123

4 薬飯ケーキ　　　　　　　　　　　　　　　　127

5 インジョルミ　　　　　　　　　　　　　　　131

附録語彙　　　　　　　　　　　　　　　　　　　134

차례

제1부 한국요리에 대해서 19

  1. 한국요리의 특징   20

     (1) 주식과 부식으로 나뉨

     (2) 다양한 조리법과 지역별 향토음식이 발달됨

     (3) 발효식품이 발달됨

  2. 한국요리의 종류   21

     (1) 주식류

     (2) 부식류

     (3) 후식류

  3. 한국요리 상차림   25

  4. 한국요리에 사용되는 양념   25

  5. 한국요리에 사용되는 고명   25

  6. 이 책에서의 계량법   25

제2부 '본고장의 맛' 한국요리 25선 27
- 일본어와 한국어로 배우는 한국요리 -

  주식   27

    1 굴떡국   31

    2 들깨칼국수   35

    3 호박죽   39

    4 콩나물밥   43

    5 콩국수   47

    6 쟁반막국수   51

부식   55

1 해물파전   57
2 잡채   61
3 사골도가니탕   65
4 구절판   69
5 도토리묵무침   73
6 보쌈   77
7 부대찌개   81
8 폭탄계란찜   85
9 콩나물북엇국   89
10 불고기   93
11 고등어무조림   97
12 감자전   101
13 토마토김치   105
14 김치   109

간식   113

1 양념치킨   115
2 김가루주먹밥   119
3 소떡소떡   123
4 약밥케이크   127
5 인절미   131

부록 어휘   134

著者インスタグラムQRコード

多様な韓国料理のレシピを確認してみてください！

韓国料理について

第1部

① 韓国料理の特徴

(1) 主食と副食に分かれる

　韓国料理の膳立てはご飯を中心にたくさんのおかずがつく。主食のご飯類があり、副食に汁物、鍋やスープ類、炒め物、焼き物、揚げ物、チヂミ類、ナムルや生野菜のナムル、煮物、キムチ類、塩辛類など、実に多様な料理文化が発達しており、低脂肪食や栄養バランスを考慮した献立として人気がある。

(2) 多様な調理法や地域別郷土料理が発達

　韓国は南北に長く伸びた半島で三方が海に囲まれ、平野と山が多く、豊富な水産物と農産物を食材として利用できた。特に稲作に適した気候で米や雑穀を用いたご飯、粥、麺、トック、すいとん、餃子、菓子などの多様な調理法が発達した。地域毎に生産される食材に特色があり、その特性を生かした郷土料理を楽しめる。

(3) 発酵食品が発達

　季節に合わせてコチュジャン、味噌、醤油、大豆味噌などの調味料の仕込みに、白菜キムチ、きゅうりキムチ、大根キムチ、ねぎキムチなどのキムチ類、塩辛類、干物類を作り、料理に活用した。これら発酵食品は低カロリーな上に食物繊維が豊富な健康食品として知られている。

韓国料理の種類 (主食類、副食類、デザート類)

韓国料理の種類			
1	主食類	ご飯	米を中心にご飯を炊いたり、雑穀類、豆類、ナッツ類、野菜類、魚介類、肉類などを共に炊く。 種類：白米、麦飯、栗飯、五穀米、豆ご飯、とうもろこしのご飯、豆もやしご飯、ビビンバ、おこわ、薬飯等。
		粥	多様な種類があり、病人はもちろん健康な人もお粥を楽しむ。 種類：白粥、豆粥、緑豆粥、小豆粥、松の実の粥、くるみ粥、なつめ粥、あわび粥、鶏粥、きのこ粥等。
		麺	中国から小麦が輸入されると同時に韓国特有の麺料理が発達した。蕎麦粉や小麦粉等に水と塩を入れてこね、平らにして細切りや厚切りにする。主に結婚式、誕生日の膳に登場する。 種類：カルグクス、混ぜそば、祝いそば、豆そば、蕎麦、米粉そば等。
		トック	正月に食べる代表的な料理で祭祀を行った後、トックを食べながら新年を始める。 種類：生米のトック、チョレンイトック、海鮮トック等。
		すいとん	小麦粉、蕎麦粉、どんぐりの粉、麦粉等を入れてこね、手で薄くちぎって入れ、野菜と一緒に煮る。 種類：小豆すいとん、ズッキーニすいとん、さつまいもすいとん、じゃがいもすいとん、たこすいとん、コチュジャンすいとん、海鮮すいとん、わかめすいとん、えごますいとん等。
		餃子	そば、トックと並ぶ人気料理。餃子の餡には牛肉、鶏肉、豚肉、海鮮、野菜を一緒に入れる。 種類：肉餃子、キムチ餃子、にら餃子、えび餃子等。

2 副食類	汁		韓国の膳立ての基本は、ご飯と汁からなり、汁は肉類、魚貝類、野菜類、海藻類を使ってつくる。 種類：澄まし汁、味噌汁、煮込みスープ、冷やし汁。 ・澄まし汁 – 出汁や汁に塩や薄口醬油で味付けし、具を入れてつくる。 種類：大根の汁、豆もやしの汁、はまぐりの汁、わかめの汁、スケトウダラの汁等。 ・味噌汁 – 味噌やコチュジャン、粉唐辛子で味を整えてつくる。 種類：なずなの味噌汁、冬葵の味噌汁、白菜の味噌汁、ほうれん草の味噌汁等。 ・煮込みスープ – 牛肉、骨、内臓や鶏を長時間煮込む。 種類：ソルロンタン、カルビタン、テールスープ、牛膝スープ、鶏肉のスープ、サムゲタン、鶏の水炊き等。 ・冷やし汁 – 夏場に冷やして食べる汁。 種類：きゅうりの冷やし汁、わかめの冷やし汁等。
	鍋		汁に比べて具が多く、つゆは少ない。味付けは濃くする。 種類：コチュジャン鍋、味噌鍋、キムチ鍋、スンドゥブ鍋等。
	寄せ鍋		様々な材料を一緒に煮込んだ料理で、調和した味を楽しめる。 種類：肉寄せ鍋、海鮮寄せ鍋、ホルモン寄せ鍋、きのこ寄せ鍋、豆腐寄せ鍋、宮中寄せ鍋等。
	蒸し煮		肉、魚、野菜に味付けした後、煮汁を入れて煮たり蒸し鍋で蒸す。 種類：カルビの蒸し煮、鯛の蒸し煮、卵蒸し、あわびの蒸し煮、伊勢海老の蒸し煮等。

副食類	煮付け	魚、肉、野菜を大きめに切り、醤油、砂糖、味噌、コチュジャン、粉唐辛子等と煮汁を入れ、煮汁が少なくなるまで煮込む。 種類：牛肉の煮付け、いりこの煮付け、豆腐の煮付け、太刀魚の煮付け、さばの煮付け、いしもちの煮付け、れんこんの煮付け、じゃがいもの煮付け等。
	生野菜のナムル	野菜を茹でずに生で唐辛子酢味噌やからしで和える。 種類：桔梗のナムル、大根のナムル、蔓人参のナムル、きゅうりのナムル等。
	ナムル	茹で野菜に味付けして和える。 種類：豆もやしのナムル、桔梗のナムル、ほうれん草のナムル、わらびのナムル等。
	炒め物	肉、魚、きのこ、野菜等に味付けをして油で炒める。 種類：きのこ炒め、ズッキーニ炒め、豚肉炒め、牛肉炒め、いりこ炒め、野菜炒め、いか炒め等。
	チヂミ	肉、魚、きのこ、野菜等に小麦粉と卵をつけて油で焼く。ヤンニョムジャンに付けて食べる。 種類：ズッキーニのチヂミ、しいたけのチヂミ、じゃがいものチヂミ、さつまいものチヂミ、魚のチヂミ、えびのチヂミ、唐辛子のチヂミ、れんこんのチヂミ、えごまのチヂミ等。
	串焼き	肉、魚、きのこ、野菜を串に刺して油で焼いた後、ヤンニョムジャンを添える。 種類：ねぎと牛肉の串焼き、肉の串焼き、餅の串焼き等。
	焼き物	肉、魚貝類、野菜を醤油、塩、コチュジャン等で味付けして焼く。 種類：カルビ焼き、鶏焼き、豚焼き、鯛焼き、いしもち焼き、さば焼き、貝焼き、蔓人参焼き、松茸焼き等。

	刺身	肉類、魚介類、野菜類を細切りにし、生で食べる刺身と軽く茹でて食べる刺身がある。酢醤油、唐辛子酢味噌、からしを添える。 種類：生の刺身にはユッケや魚の刺身があり、茹でた刺身には筍の刺身、わかめの酢の物等がある。
	干物	牛肉を薄く切って醤油だれで味付けして干したり、魚を塩で味付けして干す。 種類：肉の干物、魚の干物。
	漬物	旬の野菜を長く貯蔵して食べられるように醤油、コチュジャン、味噌、酢に漬ける。 種類：えごまの漬物、きゅうりの漬物、にんにくの漬物、唐辛子の漬物、玉ねぎの漬物等。
副食類	茹で肉薄切り	茹で肉を綿布に包んで重い石で押し固めた後に薄切りにする。 種類：茹でた牛肉の薄切り、茹で豚の薄切り。
	ムク	でんぷんで糊を作り型に注いで冷ました後、食べやすく切り、サンチュやえごまの葉等の野菜、ヤンニョムジャンを添える。 種類：緑豆ムク、どんぐりのムク、そばのムク。
	サム	サンチュ等の野菜に肉や刺身、ご飯を載せて味噌、コチュジャン、にんにく、ごま油、サムジャンを入れて包む。 種類：サンチュ、えごまの葉、白菜、かぼちゃの葉、キャベツ等。
	キムチ	塩漬けした白菜、大根、きゅうり等を粉唐辛子、にんにく、生姜、ねぎ、ごま、塩辛等で漬ける発酵させる。 種類：白菜キムチ、きゅうりキムチ、カクテギ、大根キムチ、からし菜キムチ、大根の水キムチ等。

		作り方によって甑餅、搗餅、焼き餅、茹で餅に区分できる。
餅		・甑餅 – 蒸し器で蒸して作る。 種類：蒸し餅、ふかし餅等。 ・搗餅 – 蒸し器で蒸した餅を臼に入れて粘り気が出るようつく。 種類：きな粉餅、半月型の餅、棒状の餅等。 ・焼き餅 – もち米粉をこねて平たく焼く。 種類：花煎等。 ・茹で餅 – こねたもち米粉を茹で、粉をまぶした餅。 種類：団子等。
韓菓		韓国の伝統菓子として油菓 1)、正菓 2)、熟実菓 3)、茶食 4)、菓片 5)、おこし 6) がある。 種類：薬菓、おこし、なつめの甘露煮、きな粉菓子等。
飲料	茶	緑茶、五味子茶、柚子茶、なつめ茶、蕎麦茶、梅茶、菊花茶、柿の葉茶、あじさい茶、たんぽぽ茶、ごぼう茶、かりん茶、生姜茶、ケツメイシ茶、はっか茶等。
	花菜	砂糖を混ぜた五味子茶、または蜂蜜を溶かした水に果物や花びらなどを入れて作る。主に夏場に飲む。 スイカ花菜、イチゴ花菜、メロン花菜。
	シッケ	麦芽と米を入れて発酵させた穀物飲料。
	はったい粉	もち米粉、麦粉で作った飲み物で、非常食としても知られている。

3　デザート類

---

1) 小麦粉やもち米粉をこねて一口サイズにし油で揚げた後、蜂蜜や水飴をつけ、ゴマやナッツ類をまぶした韓菓。
2) 果物、生姜、蓮根、桔梗、朝鮮人参等を蜂蜜や水飴で煮た韓菓。
3) 栗、なつめ、果物等を煮てつぶした後、また果物や他の形にした韓菓。
4) 米、もち米、栗、黒ごま等の粉に蜂蜜を入れてこねた後、茶食の型に押し込んで作る韓菓。
5) 果物やでんぷん、砂糖などで作った韓菓。
6) もち米粉をこねて食べやすい大きさに切って乾かした後、油で揚げ、蜂蜜と粉をまぶした韓菓。

③ 韓国料理の膳立て

韓国料理の膳立てはすべての料理を一度に膳に載せる。料理をまんべんなく食べられ、膳立てを目で楽しめる。韓国の膳立ては日常の膳立てと儀礼的膳立てに分けられる。日常の膳立てには3品[7]、5品、7品、9品、12品[8]の膳立てと麺膳[9]、粥膳[10]、酒肴膳[11]、茶菓子膳、会席膳[12]があり、儀礼的膳立てには一歳の祝い膳、婚礼膳、お礼膳、還暦祝い、祭祀膳がある。

④ 韓国料理に使われるヤンニョム

醤油、味噌、細かい粉唐辛子、粗い粉唐辛子、コチュジャン、塩辛、塩、砂糖、水飴、はちみつ、にんにく、生姜、料理酒、ごま塩、いりごま、ごま油、えごま油、からし、胡椒等がある。

⑤ 韓国料理に使われる飾り

ごま、栗、錦糸卵、海苔、にんじん、ねぎ、唐辛子、しいたけ、いわたけ、きくらげ、松の実、くるみ、糸唐辛子、銀杏、なつめ等がある。

⑥ 本書における計量法

1カップ	200ml
大さじ1	15ml
小さじ1	5ml
ひとつまみ	約小さじ1/8

---

7) 品とはご飯、汁、キムチ、スープ、醤油皿を除いた膳に載せるおかずの数を意味する。

8) 王様に差し上げる食事で、ご飯、汁、キムチ、醬油皿、鍋、寄せ鍋を除いたおかず12種を意味する。

9) 麺を主食にする膳立て。

10) 粥や重湯などを主食とし、辛いおかずを避けて膳立てする。

11) 酒をふるまうために準備する膳で酒と肴、韓菓、果物、餅を膳立てする。

12) 祝祭日や祝いの席での膳立て。

한국요리에 대해서

제1부

① 한국요리의 특징

(1) 주식과 부식으로 나눔

한국요리의 상차림은 밥을 중심으로 하여 많은 반찬이 함께 따른다. 주식인 밥 종류가 있고, 부식으로 국 종류, 찌개나 탕 종류, 볶음 종류, 구이 종류, 튀김 종류, 전 종류, 숙채나 생채 종류, 조림 종류, 김치 종류, 젓갈 종류 등 참으로 다양하게 음식 문화가 발달되어 있어 저지방식이나 영양 밸런스를 고려한 식단으로 인기가 있다.

(2) 다양한 조리법과 지역별 향토음식이 발달됨

한국은 남북으로 길게 뻗은 반도로 삼면이 바다고 평야와 산이 많아 풍부한 수산물과 농산물을 식재료로 이용할 수 있었다. 특히, 벼농사에 적합한 기후로 쌀과 잡곡을 이용한 밥, 죽, 국수, 떡국, 수제비, 만두, 한과 등의 다양한 조리법이 발달되었다. 지역마다 생산되는 식물에 특색이 있어, 그 특성을 살린 향토음식을 즐길 수 있다.

(3) 발효식품이 발달됨

계절에 맞게 고추장, 된장, 간장, 청국장 등의 장 담그기와 배추김치, 오이김치, 총각김치, 파김치 등의 김치류, 젓갈류, 포류를 만들어 음식에 활용하였다. 이들 발효음식은 저칼로리인데다가 섬유질이 풍부한 건강식품으로 알려져 있다.

한국요리의 종류 (주식류 , 부식류 , 후식류)

		한국요리의 종류
1 주식류	밥	쌀을 중심으로 밥을 짓거나 잡곡류, 두류, 견과류, 채소류, 어패류, 육류 등을 함께 짓는다. 종류: 흰쌀밥, 보리밥, 조밥, 오곡밥, 콩밥, 옥수수밥, 콩나물밥, 비빔밥, 찰밥, 약밥 등
	죽	다양한 종류가 있고 병자는 물론 건강한 사람도 죽을 즐긴다. 종류: 흰죽, 콩죽, 녹두죽, 팥죽, 잣죽, 호도죽, 대추죽, 전복죽, 닭죽, 버섯죽 등
	국수	중국에서 밀이 수입되면서 한국의 특유한 국수요리가 발달하게 되었다. 메밀가루나 밀가루 등에 물과 소금을 넣고 반죽하여 얇게 밀고 가늘게 썰거나 두껍게 썬다. 주로 결혼식, 생일상에 자주 올라온다. 종류: 칼국수, 비빔국수, 잔치국수, 콩국수, 메밀국수, 쌀국수 등
	떡국	설날에 먹는 대표적인 음식으로 차례를 지낸 후, 떡국을 먹으며 새해를 시작한다. 종류: 생쌀 떡국, 조랭이 떡국, 해물 떡국 등
	수제비	밀가루, 메밀가루, 도토리가루, 보릿가루 등의 가루를 넣고 반죽하여 손으로 얇게 떼어 넣고 야채와 함께 끓인다. 종류: 팥수제비, 애호박수제비, 고구마수제비, 감자수제비, 낙지수제비, 고추장수제비, 해물수제비, 미역수제비, 들깨수제비 등
	만두	국수, 떡국과 같은 인기가 있는 음식이다. 만두의 소에는 쇠고기, 닭고기, 돼지고기, 해물, 야채를 함께 넣는다. 종류: 고기만두, 김치만두, 부추만두, 새우만두 등

2	부식류	국	한국 상차림의 기본은 밥과 국으로 되어 있고 국은 육류, 어패류, 채소류, 해초류를 사용하여 만든다. 종류: 맑은장국, 토장국, 곰국, 냉국 ·맑은장국-육수나 장국에 소금이나 국간장으로 간을 하고 건더기를 넣어 끓인다. 종류: 무국, 콩나물국, 대합국, 미역국, 북엇국 등 ·토장국-된장이나 고추장, 고춧가루로 간을 맞추어 끓인다. 종류: 냉잇국, 아욱국, 배춧국, 시금칫국 등 ·곰국-쇠고기, 뼈, 내장이나 닭을 오래 우린다. 종류: 설렁탕, 갈비탕, 꼬리곰탕, 도가니탕, 닭곰탕, 삼계탕, 영계백숙 등 ·냉국-여름철에 차갑게 먹는 국 종류: 오이냉국, 미역냉국 등
		찌개	국에 비해 건더기는 많고 국물은 적다. 간은 강하게 한다. 종류: 고추장찌개, 된장찌개, 김치찌개, 순두부찌개 등
		전골	다양한 재료를 함께 끓인 요리로 조화로운 맛을 즐길 수 있다. 종류: 고기전골, 해물전골, 곱창전골, 버섯전골, 두부전골, 신선로 등
		찜	고기, 생선, 채소에 양념을 한 후 국물을 넣어 조리거나 찜통으로 찐다. 종류: 갈비찜, 도미찜, 계란찜, 전복찜, 대하찜 등
		조림	생선, 고기, 야채를 큼직하게 썰어 간장, 설탕, 된장, 고추장, 고춧가루 등과 국물을 넣고 국물이 줄어들게 조린다. 종류: 소고기 장조림, 멸치조림, 두부조림, 갈치조림, 고등어조림, 조기조림, 연근조림, 감자조림 등
		생채	채소를 익히지 않고 생으로 초고추장 또는 겨자장에 버무린다. 종류: 도라지생채, 무생채, 더덕생채, 오이생채 등
		숙채	익힌 채소를 양념을 해서 버무린다. 종류: 콩나물, 도라지나물, 시금치나물, 고사리나물 등
		볶음	고기, 생선, 버섯, 야채 등에 양념을 하여 기름으로 볶는다. 종류: 버섯볶음, 애호박볶음, 제육볶음, 소고기볶음, 멸치볶음, 야채볶음, 오징어볶음 등
		전	고기, 생선, 버섯, 야채 등을 밀가루와 계란을 묻히고 기름으로 부친다. 양념장에 찍어 먹는다. 종류: 호박전, 표고버섯전, 감자전, 고구마전, 생선전, 새우전, 고추전, 연근전, 깻잎전 등

부식류	적	고기, 생선, 버섯, 야채를 꼬치에 꿰어서 기름으로 부친 후 양념장을 곁들인다. 종류: 파산적, 고기산적, 떡산적 등
	구이	고기, 어패류, 야채를 간장, 소금, 고추장 등으로 간을 하고 굽는다. 종류: 갈비구이. 닭구이, 제육구이, 도미구이, 조기구이, 고등어구이, 조개구이, 더덕구이, 송이구이 등
	회	육류, 어패류, 채소류를 썰어서 생으로 먹는 생회와 살짝 데쳐서 먹는 숙회가 있다. 초간장, 초고추장, 겨자즙을 곁들인다. 종류: 생회에는 육회와 생선회가 있고, 숙회에는 죽순회, 미역초회 등
	포	소고기를 저며서 간장양념을 하여 말리거나, 생선을 소금 등으로 조미하여 말린다. 종류: 육포, 어포
	장아찌	각 계절의 채소를 오래 저장해서 먹을 수 있도록 간장, 고추장, 된장, 식초에 담근다. 종류: 깻잎장아찌, 오이장아찌, 마늘장아찌, 고추장아찌, 양파장아찌 등
	편육	삶은 고기를 면보에 싸서 무거운 돌로 눌러 굳게 한 후 얇게 썬다. 종류: 쇠고기 편육, 돼지고기 편육
	묵	전분으로 풀을 만들어 틀에 붓고 식힌 후 먹기 좋게 잘라, 상추나 깻잎 등의 야채, 양념장을 곁들인다. 종류: 청포묵, 도토리묵, 메밀묵
	쌈	상추 등의 야채에 고기나 생선회, 밥을 얹고 된장, 고추장, 마늘, 참기름, 쌈장을 넣고 싼다. 종류: 상추, 깻잎, 배추, 호박잎, 양배추 등
	김치	소금에 절인 배추, 무, 오이 등을 고춧가루, 마늘, 생강, 파, 깨, 젓갈 등으로 절여 발효시킨다. 종류: 배추김치, 오이김치, 깍두기, 총각김치, 갓김치, 동치미 등

		떡		만드는 방법에 따라 증병, 도병, 지지는 떡, 삶는 떡으로 구분할 수 있다. ·증병-시루에 쪄서 만든다. 종류: 시루떡, 설기떡 등 ·도병-시루에 찐 떡을 절구에 담아 끈기가 나도록 친다. 종류: 인절미, 개피떡, 가래떡 등 ·지지는 떡-찹쌀가루를 반죽하여 평평하게 지진다. 종류: 화전 등 ·삶는 떡-반죽한 찹쌀가루를 삶아서 고물을 묻힌 떡. 종류: 경단 등
3	후식류	한과		한국의 전통 과자로 유과[1], 정과[2], 숙실과[3], 다식[4], 과편[5], 강정[6]이 있다. 종류: 약과, 강정, 대추초, 콩다식 등
		음료	차	녹차, 오미자차, 유자차, 대추차, 메밀차, 매실차, 국화차, 감잎차, 수국차, 민들레차, 우엉차, 모과차, 생강차, 결명자차, 박하차 등
			화채	설탕을 탄 오미자차 또는 꿀물에 과일이나 꽃잎 등을 넣어 만든다. 주로 여름철에 먹는다. 수박화채, 딸기화채, 멜론화채 등
			식혜	엿기름과 쌀을 넣어 발효시킨 곡물 음료다.
			미숫가루	찹쌀가루, 보리쌀가루로 만든 음료로, 비상식으로도 알려져 있다.

---

1) 밀가루나 찹쌀가루를 반죽하여 한 입 크기로 만들어 기름에 튀긴 후 꿀이나 조청을 입혀 깨, 건과류를 묻혀 만든 전통 과자.

2) 과일, 생강, 연근, 도라지, 인삼 등을 꿀이나 설탕물에 조려 만든 한과.

3) 밤, 대추, 과일 등을 익혀서 으깬 후 다시 과일이나 다른 모양으로 빚어 만든 한과.

4) 쌀, 찹쌀, 밤, 검은깨 등의 가루에 꿀을 넣어 반죽한 후 다식판으로 모양을 내서 만든 한과.

5) 과일과 녹말, 설탕 등으로 만든 한과.

6) 찹쌀가루를 반죽하여 먹기 좋은 크기로 잘라 말린 후 기름에 튀겨 꿀과 고물을 묻힌 한과.

③ 한국요리 상차림

한국요리의 상차림은 모든 음식을 한꺼번에 상에 올린다. 음식을 골고루 먹을 수 있고, 상차림을 눈으로 즐길 수 있다. 한국요리의 상차림은 일상적 차림과 의례적 차림으로 나눌 수 있다. 일상적 차림에는 3첩[7], 5첩, 7첩, 9첩, 12첩[8] 상차림과 면상차림[9], 죽상차림[10], 주안상차림[11], 다과상차림, 교자상차림[12] 이 있고, 의례적 상차림에는 돌상, 혼례상, 폐백음식, 회갑례, 제사상이 있다.

④ 한국요리에 사용되는 양념

간장, 된장, 고운 고춧가루, 굵은 고춧가루, 고추장, 젓갈, 소금, 설탕, 물엿, 꿀, 마늘, 생강, 요리주, 깨소금, 통깨, 참기름, 들기름, 겨자, 후추 등이 있다.

⑤ 한국요리에 사용되는 고명

깨, 밤, 계란 황백지단, 김, 당근, 파, 고추, 표고버섯, 석이버섯, 목이버섯, 잣, 호두, 실고추, 은행, 대추 등이 있다.

⑥ 이 책에서의 계량법

1컵	200ml
1큰술	15ml
1작은술	5ml
1꼬집	약1/8작은술

---

7) 첩이란 밥, 국, 김치, 조치, 종지를 제외한 상에 올리는 반찬 수를 의미한다.
8) 임금님께 올리는 수라상으로 밥, 국, 김치, 장, 찌개, 전골을 제외한 반찬 12가지를 의미한다.
9) 국수를 주식으로 하는 상차림
10) 죽이나 미음 등을 주식으로 하며, 매운 반찬은 피해 상에 올린다.
11) 술을 대접하기 위해 준비하는 상으로 술과 안주, 한과, 과일, 떡이 상에 오른다.
12) 명절, 잔치 자리에서 나오는 상차림이다.

「本場の味」韓国料理25選
日本語と韓国語で学ぶ韓国料理

'본고장의 맛' 한국요리25선
일본어와 한국어로 배우는 한국요리

第2部
제2부

第1章

主食 주식

1 牡蠣のトック
　굴떡국

2 えごまカルグクス
　들깨칼국수

3 かぼちゃ粥
　호박죽

4 豆もやしご飯
　콩나물밥

5 豆乳そうめん
　콩국수

6 チェンバンマッククス
　쟁반막국수

굴떡국

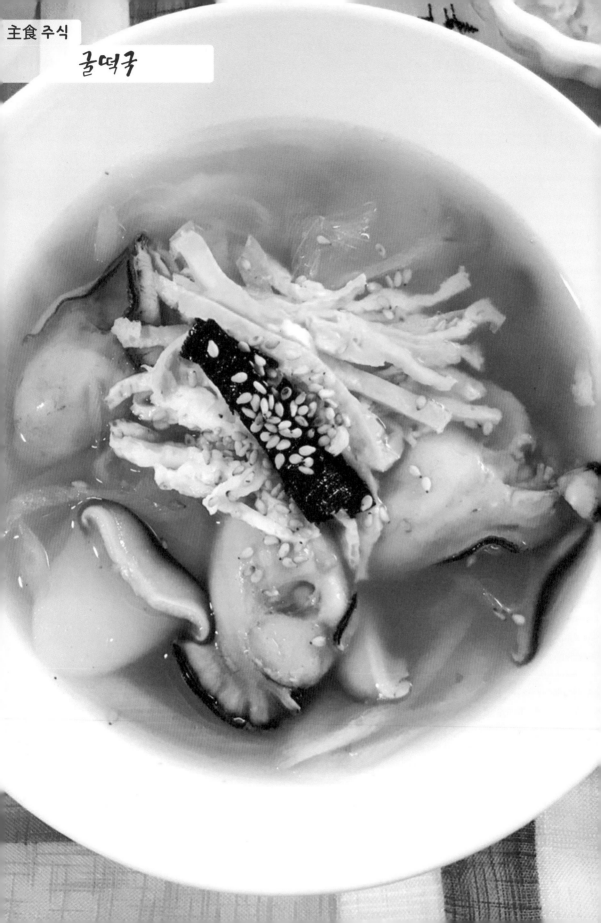

1. 牡蠣のトック

材料（4人前）	재료(4 인분)
トックの餅　400g	떡국떡　400 그램
生牡蠣　1袋 (300g)	생굴 1봉지　(300그램)
しいたけ　4個	표고버섯　4개
白ねぎ　1/2本	대파　1/2대
卵　2個	계란　2개
いりこ出汁　1.5ℓ	멸치육수　1.5리터
(煮干し40g＋水1.6ℓ)	(멸치40그램+물 1.6리터)
[生牡蠣の洗浄]	[생굴 세척]
おろし大根　適量	간 무　적당량
塩　適量	소금　적당량
[味付け]	[간 맞추기]
おろしにんにく　大さじ1	간 마늘　1큰술
いわしエキス　大さじ1	멸치액젓　1큰술
薄口醬油　大さじ1	국간장　1큰술
こしょう　少々	후추　조금
塩　少々	소금　조금
[盛りつけ]	[고명]
錦糸卵(黄・白)　少々	지단 (황・백)　조금
海苔　少々	김　조금
いりごま　少々	통깨　조금

❖ 料理に関する由来及び説明 （요리에 대한 유래와 설명）

　　旬の海産物で作る牡蠣のトックはスープがさっぱりした淡白な味わいで韓国でよく作られるトックだ。冬が旬の牡蠣はお肌の美容効果があり、血液をさらさらにし、ナトリウムを輩出し血圧を下げるのにも役立つ。さらに疲労回復まで! 日本でよく知られている牛肉を入れたトックも美味しいが、この冬は牡蠣を入れたトックも作ってみてほしい。

　　제철 해산물로 만들어 보는 굴떡국은 국물이 시원하고 담백한 맛으로 한국에서 많이 만드는 떡국이다. 겨울이 제철인 굴은 피부미용에 좋고 혈액을 맑게 해주며 나트륨을 배출시켜서 혈압을 낮추는 데도 도움이 된다. 거기에 피로 회복까지! 일본에서 많이 알려진 소고기를 넣은 떡국도 맛있지만, 이번 겨울에는 굴을 넣은 떡국도 만들어 보시기 바란다.

作り方 (만드는 법)

1. 頭と内臓を取り除いた煮干しをフライパンで炒めた後、鍋に入れて水を注ぎ沸騰させた後、煮干しは取り出す。
   머리와 내장을 제거한 멸치를 팬에 볶은 후 냄비에 넣고 물을 부어 끓인 후 멸치는 꺼낸다.

2. 生牡蠣におろし大根を入れて軽く手で揉んだ後、2分ほど置く。おろし大根が生牡蠣の老廃物を吸収し色が黒く変わればおろし大根は捨て、生牡蠣は塩水に浸して2〜3回洗った後、流水ですすぐ。
   생굴에 간 무를 넣고 가볍게 손으로 버무린 후 2분 정도 그대로 둔다. 간 무가 생굴의 노폐물을 흡수하여 색이 검게 변하면 간 무는 버리고 생굴은 소금물에 담가 2~3번 씻은 후 흐르는 물에 헹군다.

3. しいたけは軸を切り落とした後、細切りにする。白ねぎは斜め薄切りにする。
   표고버섯은 기둥을 제거한 후 채를 썬다. 대파는 어슷썰기를 한다.

4. 卵は黄身と白身に分けて、黄色と白色の錦糸卵を作る。
계란은 노른자와 흰자로 나눠서 황백지단을 만든다.

5. ①を沸騰させて餅を入れる。餅が煮えて浮かんで来たら、[味付け]の調味料、②、③を入れて再び沸騰させる。
①을 끓여 떡을 넣는다. 떡이 끓어 오르면 [간 맞추기] 조미료, ②,③을 넣고 다시 끓인다.

6. 器に盛りつけ、④の錦糸卵、海苔を載せ、いりごまを振りかければ完成。
그릇에 담아 ④의 황백지단, 김을 얹고 통깨를 뿌리면 완성.

들깨칼국수

2. えごまカルグクス

材料（4人前）

じゃがいも　2個
にんじん　1/2本
ズッキーニ　1/2本
しいたけ　4個
青唐辛子　2個(盛りつけに使用する青唐
辛子を含む)
えごまの粉　1カップ
いりこ出汁　2.5ℓ

[麺の生地]
小麦粉(中力粉)　4カップ
卵　1個
熱湯　3/4カップ
サラダ油　小さじ4
塩　大さじ1

[味付け]
おろしにんにく　大さじ2
いわしエキス　大さじ6
料理酒　大さじ6
塩　少々
こしょう　少々

[盛り付け]
青唐辛子　少々
焼きのり　4枚
いりごま　大さじ1

재료(4 인분)

감자　2개
당근　1/2개
애호박　1/2개
표고버섯　4개
청양고추　2개(고명에 사용할 청양고추 포
함)
들깨가루　1컵
멸치 육수　2.5리터

[국수 반죽]
밀가루(중력분)　4컵
계란　1개
뜨거운 물　3/4컵
식용유　4작은술
소금　1큰술

[음식 간]
간 마늘　2큰술
멸치액젓　6큰술
요리주　6큰술
소금　조금
후추　조금

[고명]
청양고추　조금
구운 김　4장
통깨　1큰술

❖ 料理に関する由来及び説明 (요리에 대한 유래나 설명)

カルグクスは小麦粉の生地を広げて包丁で切るので、カルグクス (包丁うどん) と名づけられた。えごまカルグクスに入るえごまは血液循環を促進させ、免疫力強化、血中コレステロールを減少させる効果がある。ほとんどのカルグクスは生地を多少厚く伸ばして包丁で切るため、断面が四角になる場合が多いが、生地が透けて見えるほど薄く伸ばして細く切る場合もある。主に魚介類を入れた南部地域のカルグクスは麺を厚く切り、京畿道式牛骨の出汁や鶏ガラ出汁の場合は麺を薄く切るが、地域により特定の区分があるわけではない。慶尚北道出身の母はきな粉 (煎っていない大豆の粉) を入れたカルグクスをよく作ってくれた。

칼국수는 밀가루 반죽을 펴서 칼로 썰기 때문에 칼국수라는 이름이 지어졌다. 들깨칼국수에 들어가는 들깨는 혈액 순환을 촉진시키고, 면역력 강화, 혈중 콜레스테롤을 감소시키는 효과가 있다. 대부분의 칼국수는 반죽을 다소 두껍게 펼치고 칼로 썰기 때문에 단면이 네모 모양을 하는 경우가 많지만, 반죽을 반대편이 비쳐질 정도로 얇게 밀어서 가늘게 써는 경우도 있다. 주로 해산물을 넣은 남도식 칼국수는 면을 두껍게 썰고, 경기도식 사골 국물, 닭고기 국물인 경우는 면을 가늘게 썰지만, 지역에 따라 특정한 구분이 있는 것은 아니다. 경상북도 출신인 어머니는 생콩가루를 넣은 칼국수를 자주 만드셨다.

作り方 (만드는 법)

1. 小麦粉(中力粉)4カップに塩、卵、サラダ油を入れて、
熱湯3/4カップを少しずつ注ぎ入れながらこねる。
* 小麦粉はをふるいにかけてから使う。
밀가루(중력분) 4컵에 소금, 계란, 식용유를 넣고
뜨거운 물 3/4컵을 조금씩 부어가며 반죽한다.
* 밀가루는 체에 내려 사용

2. ①の生地がまとまれば、ビニール袋に入れて、冷蔵庫
で1時間以上寝かせる。
①의 반죽이 잘 뭉쳐지면 비닐에 담아 냉장고에 1시간
이상 숙성시킨다.

3. じゃがいも、にんじん、ズッキーニ、しいたけは千切りにする。青唐辛子は斜め切りにする。

감자, 당근, 애호박, 표고버섯은 채를 썬다.
청양고추는 어슷하게 썬다.

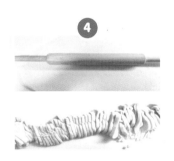

4. 寝かせておいた生地をめん棒で伸ばし、打ち粉をしながら切りやすく折って厚めに切る。麺がくっつかないように、切った麺は広げて小麦粉を振っておく。

숙성시킨 반죽을 밀대로 밀어주고 밀가루를 뿌린 후 말아서 도톰하게 썬다. 면이 서로 붙지 않게 썰어 준 면은 바로 펼쳐서 밀가루를 뿌려준다.

5. 鍋にいりこ出汁、じゃがいも、にんじんを入れて沸騰させた後、麺、ズッキーニ、にんにく、いわしエキス、料理酒を入れる麺が煮えたら、しいたけと青唐辛子を入れ、塩とこしょうで味付けした後、えごまの粉を入れる。

냄비에 멸치 육수, 감자, 당근을 넣고 끓인 후 면, 애호박, 마늘, 멸치 액젓, 요리주를 넣는다. 면이 익으면 표고버섯, 청양고추를 넣고, 소금과 후추로 간을 한 후 들깨가루를 넣는다.

6. 器にえごまカルグクスを入れ、青唐辛子、いりごま、海苔をのせれば完成。

그릇에 들깨칼국수를 담고 청양고추, 통깨, 김을 얹으면 완성.

3. かぼちゃ粥

材料（4人前）　　재료(4 인분)

かぼちゃ　1kg
(古いかぼちゃなら1.5kg)
茹でたいんげん豆 (白/赤)　1カップ
もち米粉　大さじ4
水　5カップ

[かぼちゃ粥の味付け]
はちみつ　大さじ4
塩　大さじ1/2

[盛り付け]
なつめ　4個
くるみ　少々
焼いたかぼちゃ　少々

단호박　1킬로그램
(늙은 호박 1.5킬로그램)
삶은 강낭콩(흰색/붉은색)　1컵
찹쌀가루　4큰술
물　5컵

[호박죽 간]
꿀　4큰술
소금　1/2큰술

[고명]
대추　4개
호두　조금
구운 호박　조금

❖ 料理に関する由来及び説明 （요리에 대한 유래나 설명）

　　忙しい日常で朝ごはんを毎回食べることは難しい。朝ごはんを抜いたり、簡単に済ませる時もあるだろう。そんな時はかぼちゃ粥をおすすめしたい。朝空腹で食べても胃に負担がなく、栄養もあるため一日心強い。かぼちゃにはカルシュウムが多いため骨を強くし、豊富なカリウムは血圧を下げるのに役立つ。また、食物繊維が豊富で便秘予防にも効果がある。韓国でお粥は老若男女に好まれ、体調が悪い時以外にもよく食べられ、種類も豊富である。その美味しさを求める客が多く、お粥専門店が街のあちこちに見られる。

　　바쁜 일상생활에서 아침을 매번 잘 먹기란 어렵다. 굶거나 간단하게 아침을 먹을 때도 있는 것 같다. 그럴 때 호박죽을 추천드리고 싶다. 아침 공복에 먹어도 위에 부담이 없고 영양가도 있어서 하루가 든든하다. 호박은 칼슘이 많아 뼈 건강에 좋고, 칼륨도 많아 혈압을 낮추는 데 도움이 된다. 또한, 식이섬유가 풍부해 변비 예방에도 효과가 있다. 한국에서 죽은 남녀노소가 좋아하고 몸이 아플 때 이외에도 흔히 먹는 음식이며, 그 종류도 다양하다. 별미로 찾는 이들이 많아 죽 전문점을 거리에서 쉽게 찾아볼 수 있다.

作り方 (만드는 법)

1. 洗って、水気がついたままのかぼちゃを電子レンジに
入れ、600wで10分ほど加熱し、ひっくり返してさらに
5分ほど加熱する。
   * 加熱時間は100gあたり1分程度が適当
   씻어서 물기가 있는 단호박을 그대로 전자렌지에 넣어
600w에서 10분 정도 익히고, 뒤집어서 5분 정도 익힌다.
   * 가열 시간은 100그램이면 1분 정도가 적당하다.

2. ①を半分に切り、種を取り出して皮をむく。
   ①을 반으로 잘라 씨를 제거하고 껍질을 벗긴다.

3. かぼちゃを小さく切り、水4カップと一緒に鍋に入れ
て沸かす。
   호박을 잘게 잘라 물 4컵과 함께 냄비에 넣고 끓인다.

4. かぼちゃが煮えたらハンドブレンダーで滑らかにすり下ろした後、木べらで混ぜながら弱火にかける。
   호박이 익으면 핸드블렌더로 곱게 간 후 나무주걱으로 저어가며 약한 불에서 끓인다.

5. もち米粉に水1カップを入れてよく混ぜた後、④に入れて混ぜながら塩大さじ1/2、はちみつ大さじ4、茹でたいんげん豆を加える。
   * お好みであずきや好きな豆を使用しても良い。
   찹쌀가루에 물 1컵을 넣고 잘 섞은 후 ④에 넣고 저어가며 소금 1/2큰술, 꿀 4큰술, 삶은 강낭콩을 추가한다.
   * 취향에 따라 팥이나 좋아하는 콩을 사용해도 된다.

6. 完成したかぼちゃ粥を器に盛る。[盛り付け]のなつめは種を除き、くるくる巻いて切った後、くるみ、焼いたかぼちゃをのせる。
   완성된 호박죽을 그릇에 담는다. [고명]의 대추는 씨를 제거하고 돌돌 말아 자른 후 호두, 구운 호박을 얹는다.

콩나물밥

4. 豆もやしご飯

材料（4人前）	재료(4인분)
米　2と1/2カップ	쌀　2와 1/2컵
豆もやし　200g	콩나물　200그램
昆布　1切れ	다시마　1장
にんじん　1/4本(30g)	당근　1/4개(30그램)
しいたけ　6個(40g)	표고버섯　6개(40그램)
卵　4個	계란　4개
[ご飯の味付け]	[밥 간]
ごま油　大さじ2	참기름　2큰술
塩　小さじ1	소금　1작은술
[ヤンニョムジャン]	[양념장]
しょう油　大さじ5	간장　5큰술
砂糖　大さじ1	설탕　1큰술
梅シロップ　大さじ1	매실청　1큰술
粉唐辛子　大さじ1	고춧가루　1큰술
ごま油　大さじ1	참기름　1큰술
刻みねぎ　50g	다진 파　50그램
おろしにんにく　大さじ1	간 마늘　1큰술
[盛り付け]	[고명]
かいわれ大根　少々	무순　조금
いりごま　少々	통깨　조금

❖ 料理に関する由来及び説明 (요리에 대한 유래나 설명)

　　豆もやしはビタミンＣと食物繊維が豊富な低カロリー食品だ。体の毒素を取り除いてくれるため、韓国では飲み過ぎた翌日は二日酔い解消のため豆もやしスープをよく飲む。腹持ちがよく、腸の活動が活発になるのでダイエットにも良い。栄養満点の豆もやしはナムル、蒸し料理、クッパ、スープなど多様な調理法で韓国料理によく使われる食材だ。食感の良さと淡白な味わいを楽しめる豆もやしご飯！豆もやしをメインにご飯を炊き、ヤンニョムジャンを添えて混ぜて食べる豆もやしご飯は作り方も簡単でおすすめだ。

　　콩나물은 비타민C와 식이섬유가 풍부한 저칼로리 식품이다. 몸의 독성을 제거해 주기 때문에 한국에서는 과음한 다음날에는 숙취 해소를 위해 콩나물국을 자주 먹는다. 포만감과 장 활동을 활발하게 해주기 때문에 다이어트에도 좋다. 영양 만점 콩나물은 나물, 찜, 국밥, 국 등 다양한 조리법으로 한국요리에 자주 쓰이는 식재료다. 아삭아삭한 식감과 담백한 맛을 즐길 수 있는 콩나물밥! 콩나물을 메인으로 밥을 짓고 양념장을 곁들여 비벼서 먹는 콩나물밥은 만드는 방법도 간단해서 추천드린다.

作り方 (만드는 법)

1. 電気釜に洗った米と昆布を入れ、分量の水を入れた後、30分以上浸す。
   * 豆もやしは水分を多く含んでいるので、ご飯を炊く時の分量は少し少なめにする。
   전기밥솥에 씻은 쌀과 다시마를 넣고 분량의 물을 넣은 후 30분 이상 불린다.
   * 콩나물은 수분을 많아 밥을 지을 때의 물량은 조금 적게 잡는다.

2. 豆もやしは洗って水気を切り、しいたけは軸を取って細切りにする。ニンジンも洗って千切りにする。
   콩나물은 씻어 물기를 제거하고, 표고버섯은 기둥을 떼고 채를 썬다. 당근도 씻어 곱게 채를 썬다.

3. ①に[ご飯の味付け]のごま油と塩を入れて下味をつけ、しいたけとにんじんを入れてまんべんなく混ぜる。豆もやしを上に載せてご飯を炊く。
   ①에 [밥 간]의 참기름과 소금을 넣어 밑간을 하고 표고버섯과 당근을 넣어 골고루 섞는다. 콩나물을 위에 얹어 밥을 짓는다.

4. [ヤンニョムジャン]の材料を混ぜてヤンニョムジャン
を作る。
[양념장]의 재료를 섞어서 양념장을 만든다.

5. 目玉焼きを作る。
계란 프라이를 만든다.

6. ご飯が炊きあがったら昆布を取り除いてよく混ぜた
後、器に盛り、目玉焼きを上に載せて、ヤンニョムジャ
ンを沿えれば出来上がり。
밥이 되면 다시마를 빼서 잘 섞은 후, 그릇에 담고, 계란
프라이를 위에 얹어 양념장을 곁들이면 완성.

5. 豆乳そうめん

材料（4人前）	재료(4인분)
そうめん　3把	국수　3묶음
[大豆スープ]	[콩국물]
大豆　2カップ	대두　2컵
水　3リットル	물　3리터
塩　大さじ1	소금　1큰술
砂糖　大さじ1/2	설탕　1/2큰술
すりごま　大さじ4	간 깨　4큰술
くるみ　1カップ	호두　1컵
[盛り付け]	[고명]
きゅうり　1本	오이　1개
茹で玉子　2個	삶은 계란　2개
トマト　1個	토마토　1개
いりごま　少々	통깨　조금

❖ 料理に関する由来及び説明 (요리에 대한 유래나 설명)

　　豆乳そうめん（コングクス）の主な材料である大豆にはビタミンとミネラル、植物性のタンパク質が豊富で新陳代謝を促すため、お肌にも良い。また解毒作用にも優れ、肝臓や腎臓の機能を高めてくれる。地方によって塩や砂糖を入れて食べる。栄養満点の汁を最後まで美味しく食べられるようにレシピには少量の塩を使用した。素朴だが、栄養もあってあっさりした味が最高の豆乳そうめん。本場でしか味わえない真心と豆本来の味を召し上がれ。

　　콩국수의 주재료인 콩에는 비타민과 무기질, 식물성 단백질이 풍부하고 신진대사가 원활해지도록 도와주기 때문에 피부미용에도 좋다. 또한, 해독작용도 탁월해 간과 신장기능에 이롭다고 한다. 지방에 따라 소금이나 설탕을 넣어 먹는다. 영양 만점인 국물을 마지막까지 맛있게 드실 수 있도록 레시피에는 소금을 소량으로 사용했다. 소박해 보이지만 영양가와 담백한 맛이 최고인 콩국수. 본고장에서밖에 맛볼 수 없는 정성과 콩의 참맛을 느껴보시기 바란다.

作り方 (만드는 법)

1. 大豆は洗って豆が浸かるくらいの水を注いで6時間ほど浸す。

   콩은 씻어서 콩이 잠기도록 물을 붓고 6시간 정도 불린다.

2. 鍋に①を入れ、塩大さじ1と砂糖大さじ1/2、3リットルの水を注ぎ、30分ほど柔らかくなるまで煮る。
   * 大豆から生臭いにおいがしないように最初は蓋をして煮る。大豆が柔らかくなれば、蓋を開けてアクを取る。

   냄비에 ①을 넣고 소금 1큰술과 설탕 1/2큰술, 물 3리터를부어 30분 정도 익을 때까지 끓인다.
   * 콩에서 비린내가 나지 않도록 처음에는 뚜껑을 닫고 끓인다. 콩이 익을 때부터는 뚜껑을 열고 불순물을 제거한다.

3. 大豆に火が通ったら、②とすりごま大さじ4、くるみ1カップをミキサーに入れてかける。
   * ミキサーに大豆などの材料を入れて滑らかになるくらいの煮汁を入れてミキサーにかける。

   콩이 익으면 ②와 간 깨 4큰술, 호두 1컵을 믹서기에 넣고 간다.
   * 믹서기에 콩 등의 재료를 넣고 잘 갈릴 수 있을 만큼의 콩물을 붓고 간다.

4. トマトは食べやすいように薄切りにし、きゅうりは千切りにする。ゆで卵は1/2に切る。

토마토는 먹기 좋게 얇게 썰고 오이는 채를 썬다. 삶은 계란은 1/2로 자른다.

5. そうめんは茹でて洗っておく。

국수를 삶아서 씻어 놓는다.

6. 器にそうめんと大豆スープを盛り、上に④をのせる。最後にいりごまを振りかける。
   * 夏はスープに氷を浮かべて冷やして食べ、冬は温めて食べても良い。

그릇에 국수와 콩국물을 담고 위에 ④를 얹는다. 마지막에 통깨를 뿌린다.
　* 여름철에는 콩국물에 얼음을 띄워 차갑게 먹고, 겨울에는 따뜻하게 먹어도 좋다.

쟁반막국수

6. チェンバンマッククス ————

材料（4人前）	재료(4인분)
そば　300グラム	메밀국수　300그램
赤玉ねぎ　1/6玉	적양파　1/6개
にんじん　1/2本	당근　1/2개
きゅうり　1本	오이　1개
トマト　1個	토마토　1개
ゆで卵　1個	삶은 계란　1개
[ヤンニョムジャン]	[양념장]
りんご　1/4個	사과　1/4개
大根　50g	무　50그램
玉ねぎ　1/4個	양파　1/4개
醤油　大さじ3	간장　3큰술
粉唐辛子　大さじ5	고춧가루　5큰술
コチュジャン　大さじ1	고추장　1큰술
おろしにんにく　大さじ1	간 마늘　1큰술
酢　大さじ6	식초　6큰술
砂糖　大さじ3	설탕　3큰술
サイダー　1/2カップ	사이다　1/2컵
すりごま　大さじ1	깨　1큰술
からし　大さじ1/2	겨자　1/2큰술
塩　大さじ1/3	소금　1/3큰술
ごま油　大さじ1	참기름　1큰술
[盛りつけ]	[고명]
いりごま　少々	통깨　조금

❖ 料理に関する由来及び説明 (요리에 대한 유래나 설명)

　チェンバンマククス (お盆まぜ蕎麦) は、お盆のように大きな器に蕎麦とボリュームたっぷりの野菜を載せ、ヤンニョムジャンで混ぜて食べる料理だ。マククスは、朝鮮王朝時代からよく食べられていた料理で、特に春川地方で冬の晩ご飯として愛されてきた江原道料理である。マククスの「マッ」には「今すぐ」という意味がある。語源の由来は確かではないが、複雑な調理過程や材料がなくても家にある材料で簡単にすぐ作って食べられるという意味から、マククスという料理名が付けられたようだ。伝統的な江原道のマククスはごま油や醤油で味付けをしていたが、今は現代人の味覚に合わせてコチュジャンなどを入れて混ぜて食べるようになった。

　쟁반막국수는 쟁반처럼 큰 그릇에 메밀국수와 푸짐한 야채를 올려 양념장에 비벼먹는 요리다. 막국수는 조선 시대부터 즐겨 먹던 음식으로 특히 춘천 지방에서 겨울 저녁 식사로 애용되어 온 강원도 음식이다. 막국수의 '막'은 '바로 지금', '금방'이라는 의미가 있다. 어원의 유래는 확실하지 않지만 복잡한 조리 과정이나 재료 없이도 집에 있는 재료로 쉽게 바로 만들어 먹을 수 있다는 의미에서 막국수라는 이름이 붙여진 것 같다. 전통적인 강원도 막국수는 참기름이나 간장으로 맛을 냈지만, 지금은 현대인의 입맛에 맞게 고추장 등을 넣어서 비벼 먹는다.

作り方 (만드는 법)

1. [ヤンニョムジャン]の分量のりんご、大根、玉ねぎを下ろし金ですりおろし、残りの材料を入れてよく混ぜ合わせ、熟成させる。
   [양념장] 분량의 사과, 무, 양파를 강판에 갈아놓고 나머지 재료를 넣어서 잘 섞어 숙성시킨다.

2. 赤玉ねぎ、にんじん、きゅうりは千切りにする。トマトは半分に切って、1cmの厚さに切る。ゆで卵は4等分に切る。
   적양파, 당근, 오이는 곱게 채를 썬다. 토마토는 반으로 잘라 1센티 두께로 자른다. 삶은 계란은 4등분으로 자른다.

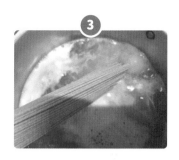

3. 鍋に蕎麦の5倍ほどの水を入れて沸かす。お湯が沸いたら、蕎麦を入れてくっつかないように箸でかき混ぜる。お湯が沸き上がったら、2回ほど差し水(1/2カップ程度)をしながら茹でる。

냄비에 메밀국수의 5배 정도의 물을 붓고 끓인다. 물이 끓으면 국수를 넣고 면이 서로 붙지 않게 젓가락으로 저어준다. 물이 끓어오르면 찬물(1/2컵 정도) 붓기를 2번 정도 반복하며 끓인다.

4. 蕎麦が茹で上がったら冷水に取り、手で揉み洗いした後、取り出して水気を切る。

국수가 알맞게 삶아지면 찬물에 넣고 손으로 비벼가며 씻은 후 건져 물기를 뺀다.

5. 器に野菜、蕎麦を綺麗に盛り付ける。

그릇에 야채, 메밀국수를 보기 좋게 담는다.

6. 蕎麦の上に[ヤンニョムジャン]をかけて、いりごまを振り掛ける。

메밀국수 위에 [양념장]을 얹고 통깨를 뿌린다.

第2章

副食 부식

1 海鮮チヂミ
   해물파전

2 チャプチェ
   잡채

3 牛骨トガニスープ
   사골도가니탕

4 クジョルパン
   구절판

5 どんぐりのムクの和え物
   도토리묵무침

6 ポッサム
   보쌈

7 プデチゲ
   부대찌개

8 爆弾ケランチム
   폭탄계란찜

9 豆もやしと干し鱈のスープ
   콩나물북엇국

10 プルコギ
    불고기

11 さば大根の甘辛煮
    고등어 무조림

12 じゃがいもチヂミ
    감자전

13 トマトキムチ
    토마토김치

14 キムチ
    김치

해물파전

1. 海鮮チヂミ

材料(4人前)	재료(4인분)
ねぎ　200g	파　200그램
小麦粉　2カップ	밀가루　2컵
水　2カップ	물　2컵
イカ　100g	오징어　100그램
エビ　100g	새우　100그램
茹でたアサリ　100g	삶은 조개　100그램
青・赤唐辛子　各1本	청홍고추 각　1개
卵　2個	계란　2개
おろしにんにく　大さじ1	간 마늘　1큰술
塩　大さじ1/2	소금　1/2큰술
砂糖　大さじ1/2	설탕　1/2큰술
サラダ油(多めに準備)	식용유(넉넉하게 준비)
[ヤンニョムジャン]	[양념장]
しょうゆ　大さじ4	간장　4큰술
酢　大さじ2	식초　2큰술
粉唐辛子　大さじ1/2	고춧가루　1/2큰술
万能ねぎ(みじん切り)　大さじ1	다진 파　1큰술
おろしにんにく　大さじ1/2	간 마늘　1/2큰술
砂糖　小さじ1	설탕　1작은술
ごま油　小さじ2	참기름　2작은술
[盛り付け]	[고명]
いりごま　少々	통깨　조금
糸唐辛子　少々	실고추　조금

❖ 料理に関する由来及び説明 (요리에 대한 유래나 설명)

　　小麦粉の生地にねぎと新鮮な魚介類をたっぷり入れて作る海鮮チヂミ(ヘムルパジョン)。韓国ではチヂミを焼く音が雨の音と似ていることから、雨の降る日にはマッコリと一緒にチヂミをよく食べる。みなさんも雨の日には雨音を聞きながら、海鮮チヂミとマッコリを味わってみてほしい。

　　반죽한 밀가루에 파와 신선한 해물을 듬뿍 넣고 만드는 해물파전. 한국에서는 전을 부치는 소리가 빗소리와 비슷하다 하여 비가 오는 날에는 막걸리와 함께 전을 자주 먹는다. 여러분도 비 오는 날에 빗소리를 들으며 해물파전과 막걸리를 맛보시기 바란다.

作り方 (만드는 법)

Ⅰ. ねぎは3等分に切って小麦粉をまぶす。
파는 3등분으로 잘라 밀가루를 묻힌다.

2. 青・赤唐辛子は斜め切りにする。
청홍고추는 어슷하게 썬다.

3. イカは細切りにし、茹でたアサリはそのまま使う。エビは殻をむいて洗う。
오징어는 가늘게 썰고, 삶은 조개는 그대로 사용. 새우는 껍질을 벗겨 씻는다.

4. [材料]の小麦粉、水、おろしにんにく、砂糖、塩を入れて混ぜる。

[재료]의 밀가루, 물, 간 마늘, 설탕, 소금을 넣어 섞는다.

5. 卵はよく溶きほぐしておく。

계란은 깨서 잘 섞어 놓는다.

6. フライパンに大さじ4以上の多めの油を引いて、④をお玉ですくって薄く広げる。その上に、ねぎ、イカ、アサリ、エビ、溶き卵、青・赤唐辛子を順にのせて、両面をきつね色に焼く。
＊焼く時の火は強火から中火に調節するとかりっと焼ける。

팬에 총 4큰술 이상의 기름을 넉넉히 두른 후 ④를 국자로 떠서 팬에 얇게 넓혀준다. 그 위에 파, 오징어, 삶은 조갯살, 새우, 푼 계란, 청홍고추를 차례로 얹고 앞뒤로 노릇노릇하게 부친다.
*부칠 때 불은 강불에서 중불로 조절을 하면 바삭하게 부칠 수 있다.

잡채

2. チャプチェ

<table>
<tr><td>

材料（4人前）

タンミョン(韓国春雨)　250g
牛肉　150g
干しきくらげ(スライス)　10g
エリンギ　80g
ほうれん草　150g
にんじん　80g
玉ねぎ　1個
パプリカ(赤・黄)　各1/2個
サラダ油　少々

[肉・干しきくらげのヤンニョムジャン]
しょう油　大さじ1
料理酒　大さじ1
砂糖　大さじ1
ごま油　大さじ1
おろしにんにく　大さじ2
こしょう　少々

[ヤンニョムジャン]
しょう油　1/2カップ
三温糖　大さじ2
オリゴ糖　大さじ3
おろしにんにく　大さじ1
オイスターソース　大さじ1/2
すりごま　大さじ1
こしょう　少々

[盛り付け]
いりごま　大さじ1
糸唐辛子　少々

</td><td>

재료(4인분)

당면　250그램
소고기　150그램
말린 목이버섯 (슬라이스)　10그램
새송이버섯　80그램
시금치　150그램
당근　80그램
양파　1개
파프리카 (빨간색 · 노란색)　각 1/2개씩
식용유　조금

[고기 · 목이버섯 양념장]
간장　1큰술
요리주　1큰술
설탕　1큰술
참기름　1큰술
간 마늘　2큰술
후추　조금

[양념장]
간장　1/2컵
황설탕　2큰술
올리고당　3큰술
간 마늘　1큰술
굴소스　1/2큰술
간 깨　1큰술
후추　조금

[고명]
통깨　1큰술
실고추　조금

</td></tr>
</table>

❖ 料理に関する由来及び説明 (요리에 대한 유래나 설명)

　チャプチェは韓国の代表的なお祝いの席の料理で、朝鮮王朝時代から伝わる宮廷料理だ。朝鮮王朝時代にはタンミョン（韓国春雨）がなく、様々な野菜を切って炒め合わせたのがチャプチェの由来といわれる。チャプチェにタンミョンが入るようになったのは、1900年代からだ。最近では日本のスーパーでも手に入るため、手軽に作れる。辛くないので誰でも食べられるチャプチェ！　おもてなしや記念日、祝祭日の食卓を彩ってみよう。

　잡채는 한국의 대표적인 잔치 음식으로 조선시대부터 시작된 궁중음식이다. 조선시대에는 당면이 없어서 여러 채소를 썰어 볶아 섞은 것이 잡채의 유래라고 한다. 잡채에 당면이 들어가게 된 것은 1900년대부터다. 최근에는 일본의 슈퍼마켓에서도 구입할 수 있어서 편하게 만들 수 있다. 맵지 않아 누구나 즐겨 먹을 수 있는 잡채! 손님을 초대했을 때나 기념하고 싶은 날, 명절 등 식탁을 더욱 풍성하게 차려보자.

作り方 (만드는 법)

1.タンミョンは1時間、干しきくらげは30分ほど水に浸けて戻しておく。
　　당면은 1시간, 목이버섯은 30분 정도 물에 불린다.

2.牛肉は細切りにする。ボウルに[肉・干しきくらげのヤンニョムジャン]を作り、そこに肉と①のきくらげを入れて手でよく揉み、まんべんなく下味が付くようにする。
　　소고기는 채로 썬다. 볼에 [고기, 목이버섯 양념장]을 만들어 거기에 고기, ①의 목이버섯을 넣고 손으로 잘 주물러 밑간이 골고루 베이게 한다.

3. ほうれん草は茹でて冷水に取り、水気を切る。少量の
ごま油と塩一つまみを入れて和える。
시금치는 데쳐 찬물에 헹궈 물기를 뺀다. 소량의 참기름
과 소금 한 꼬집을 넣어 무친다.

4. チャプチェに入るきのこと野菜(エリンギ、玉ねぎ、に
んじん、パプリカ(黄、赤)はきれいに洗って、千切りに
する。
잡채에 들어가는 버섯과 야채(새송이버섯, 양파, 당근,
파프리카(노랑, 빨강)는 깨끗하게 손질을 해서 곱게 채를
썬다.

5. タンミョンは茹でて冷水で洗った後、水気を切る。タ
ンミョンに[ヤンニョムジャン]2/3を入れてよく混ぜ
る。
＊タンミョンを茹でる時に少量のサラダ油とインスタ
ントコーヒーを入れるとくっつかない上に、美味しそ
うに色づく。
당면은 삶아 차가운 물에 헹군 후 물기를 뺀다. 당면에
[양념장] 2/3를 넣고 잘 섞어준다.
＊당면을 삶을 때 소량의 기름과 인스턴트 커피를 넣으
면 당면이 서로 붙지 않고 색도 먹음직스럽게 든다.

6. ④の野菜、②の牛肉ときくらげを順に炒める。⑤のタ
ンミョンに残りの[ヤンニョムジャン]を入れて混ぜな
がら短時間で炒めた後、大きなボウルにすべての材
料を入れ、③のほうれん草、ごま油、こしょうを入れて
混ぜる。
最後に[盛り付け]のいりごまをかけて糸唐辛子を載
せれば完成。
④의 야채, ②의 소고기와 목이버섯을 차례대로 볶는다.
⑤의 당면에 나머지[양념장]을 넣어서 섞어가며 단시간
에 볶은 후, 큰 볼에 모든 재료를 담고 ③의 시금치, 참기
름, 후추를 넣어 섞는다.
마지막에 [고명]의 통깨를 뿌리고 실고추를 얹으면 완성.

사골도가니탕

3. 牛骨トガニスープ ────────

材料(4人前)	재료(4인분)
牛骨　1.5kg	사골　1.5킬로그램
牛すじ肉　800g	도가니　800그램
白ねぎ　1本	대파　1대
大根　300g	무　300그램
玉ねぎ　1個	양파　1개
にんにく　10片	마늘　10쪽
生姜　30g	생강　30그램
月桂樹の葉　2枚	월계수잎　2장
タンミョン(韓国春雨)　50g	당면　50그램
塩　少々	소금　조금
こしょう　少々	후추　조금
[ヤンニョムジャン]	[양념장]
砂糖　大さじ1/2	설탕　1/2큰술
しょう油　1/2カップ	간장　1/2컵
にら　1/3束	부추　1/3줌
ごま油　大さじ1/2	참기름　1/2큰술
粉唐辛子　小さじ1	고춧가루　1작은술
いりごま　少々	통깨　조금
[盛り付け]	[고명]
なつめ　4個	대추　4개
えのき　1/2個	팽이 버섯　1/2개
万能ねぎ(みじん切り)　少々	다진 파　조금

❖ 料理に関する由来及び説明 (요리에 대한 유래나 설명)

　　牛骨(膝軟骨)スープは時間と手間のかかる韓国で愛される料理だ。「トガニ」は牛の膝と足首の軟骨周辺を覆っている部位で、馴染みがないと思われるかもしれないが、実は日本でもよく作るおでんに入れる「すじ肉」だ。すじ肉を入れると肉のコクや深みが染み出し、スープの味が良くなる。「トガニ」スープはスタミナ食で、体が弱っている時によく食べる。今回はトガニスープの味をさらに美味しくするため、牛骨も一緒に使用した。

　　사골도가니탕은 시간과 정성이 많이 필요한 한국에서 사랑받는 음식이다. '도가니'는 소의 무릎과 발목의 연골 주변을 감싸고 있는 부위로 생소하게 느껴질 수 있지만 실은 일본에서도 잘 만드는 어묵에도 넣는 '스지'다. 스지를 넣으면 고기의 구수한 맛과 깊은 맛이 우러나 국물 맛이 좋아진다. 도가니탕은 보양식에 속하고 몸이 허할 때 많이 찾는 음식이다. 이번에는 도가니탕의 구수한 맛을 더하기 위해 사골도 함께 사용했다.

作り方 (만드는 법)

1. 牛骨と牛すじ肉は2時間ほど冷水に浸し、血抜きをする。
   사골과 도가니는 2시간 이상 찬물에 담가 핏물을 뺀다.

2. 鍋に牛骨と牛すじ肉が浸る程度に水を入れて、強火で沸騰させる。血などアクが出た湯は捨て、牛骨と牛すじ肉を流水で洗う。
   냄비에 사골과 도가니가 잠길 정도로 물을 넣고 센 불에서 끓인다. 핏물 등 이물질이 나온 끓인 물은 버리고, 사골과 도가니를 흐르는 물에 씻는다.

3. 鍋に②の5倍以上の水を入れ、3時間以上煮込む。
   냄비에 ②의 5배 이상의 물을 넣고 3시간 이상 끓인다.

4. ③に大根、白ねぎ、にんにく、生姜、月桂樹の葉、こしょうを入れて、2時間ほど煮込む。
③에 도가니, 무, 대파, 마늘, 생강, 월계수잎, 후추를 넣고 2시간 정도 끓인다.

5. みじん切りにしたにらを入れて[ヤンニョムジャン]を作る。
잘게 자른 부추를 넣고 [양념장]을 만든다.

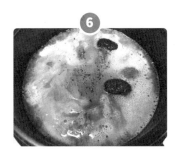

6. ④の白ねぎ、にんにく、生姜、月桂樹の葉は取り除き、牛すじ肉と大根、玉ねぎは取り出して食べやすく切ってから再び鍋に戻して沸騰させる。白ねぎはみじん切りにして取っておく。
④의 대파, 마늘, 생강, 월계수잎은 제거하고 도가니와 무 양파는 꺼내서 먹기 좋게 썰어 다시 냄비에 넣어 끓인다. 대파는 다져서 따로 둔다.

7. 食べる直前にタンミョンを入れて沸騰させた後、[盛り付け]用のえのきを入れる。器に盛って刻みねぎ、なつめ、えのきを上に載せれば完成。
  * お好みで塩とこしょうで味をととのえる。
  * 牛すじ肉はヤンニョムジャンにつけて食べる。
먹기 직전에 당면을 넣어 끓인 후 익으면 [고명]용 팽이 버섯을 넣는다. 그릇에 담고 다진 파, 대추, 팽이 버섯을 위에 올리면 완성.
  * 각자 취향에 맞게 소금과 후추로 간을 한다.
  * 도가니는 양념장에 찍어 먹는다.

4. クジョルパン

材料（4人前）	재료(4인분)

牛肉　250g

鶏むね肉　200g

きゅうり　1と1/2本

にんじん　1本

卵　3個

キクラゲ（スライス）　20g

パプリカ（赤・黄）　1個ずつ

[3色小麦粉の薄皮]
・赤:小麦粉 1カップ、水 1カップ、
ビーツパウダー 小さじ1、塩 1つまみ
・緑:小麦粉　1カップ、水　1カップ、
緑茶パウダー　小さじ1、塩　1つまみ
・白:小麦粉　1カップ、水 1カップ、
塩　1つまみ

[肉のヤンニョムジャン]
おろしにんにく　大さじ1/2、しょう油　大さ
じ1、梅シロップ　大さじ1、ごま油　大さじ
1、こしょう　少々

[キクラゲのヤンニョムジャン]
おろしにんにく　大さじ1/2、しょう油　大さ
じ1、梅シロップ　大さじ1、ごま油　大さじ
1/2、こしょう　少々

[からしソース]
からし　大さじ3、酢　大さじ2、砂糖　大さじ1

소고기　250그램

닭 가슴살　200그램

오이　1과1/2개

당근　1개

계란　3개

목이버섯(슬라이스)　20그램

파프리카(붉은색・노란색)　1개 씩

[3색 밀전병]
・붉은색: 밀가루 1컵, 물 1컵,
비트 파우더 1작은술, 소금 1꼬집
・녹색: 밀가루 1컵, 물 1컵,
녹차 파우더 1작은술, 소금 1꼬집
・흰색: 밀가루 1컵, 물 1컵, 소금 1꼬집

[고기 양념장]
간 마늘 1/2큰술/ 간장 1큰술/ 매실청 1큰술/ 참
기름 1큰술/ 후추 조금

[목이버섯 양념장]
간 마늘 1/2큰술/ 간장 1큰술/ 매실청 1큰술/ 참
기름 1/2큰술/ 후추 조금

[겨자소스]
겨자 3큰술, 식초 2큰술, 설탕 1큰술

❖ 料理に関する由来及び説明 (요리에 대한 유래나 설명)

　クジョルパン（九折坂）は九升に分かれた器を意味し、炒めた野菜や肉を8個の升に盛り、真ん中の升には小麦粉の薄皮を盛りつける宮廷料理だ。野菜と肉を小麦粉の薄皮に包んで、からしソースにつけて食べるクジョルパンは華やかで上品で真心のこもった料理だけに、重要なおもてなしの席には欠かせない。その起源は高句麗時代から統一新羅時代頃と推定され、古墳からクジョルパンの一種と見られるオジョルパン（五折坂）などの大量の器が出土したという。高句麗人たちは一皿に複数の料理を盛って食べる食習慣があったといわれ、先祖たちの知恵を垣間見られる。

　구절판은 아홉 칸으로 나누어진 그릇을 뜻하며 볶은 야채와 고기를 8개의 칸에 담고 가운데 칸에는 밀전병을 담아내는 궁중요리다. 야채와 고기를 밀전병에 싸서 겨자 소스에 찍어 먹는 구절판은 화려하고 고급스러워 정성이 가득한 만큼 중요한 손님상에는 빠지지 않는다. 그 기원은 고구려 시대부터 통일신라시대 경으로 추정되며 고분에서 구절판의 일종으로 보이는 5절판 등 다량의 그릇이 출토되었다고 한다. 고구려인들은 한 그릇에 여러 음식을 담아 먹는 식습관이 있었다고 하는데 옛 조상들의 지혜를 엿볼·수 있다.

作り方 (만드는 법)

1. きゅうり、にんじん、パプリカは細切りにする。
   오이, 당근, 파프리카는 얇게 채를 썬다.

2. 細切りにした牛肉は[肉のヤンニョムジャン]、水に戻したキクラゲは[キクラゲのヤンニョムジャン]につけておく。
   얇게 채를 썬 소고기는 [고기 양념장], 물에 불린 목이버섯은 [목이버섯 양념장]에 재워둔다.

3. 鶏むね肉は茹でて手で細く裂き、ごま油大さじ1、塩一つまみ(材料外)を入れて、味付けする。
   닭 가슴살은 삶아서 손으로 얇게 찢어서 참기름 1큰술, 소금 1꼬집(재료 외) 을 넣고 간을 한다.

4. 卵は黄身と白身に分け、塩を一つまみずつ入れて、錦糸卵を作って細切りにする。
   계란은 노른자, 흰자를 분리하여 소금 1꼬집 씩 넣은 후 황백지단을 만들어 얇게 채를 썬다.

5. ①をそれぞれフライパンに入れてごま油、塩1つまみずつ入れて炒める。②はそのまま炒める。

①을 각각 팬에 넣고 참기름, 소금 1꼬집 씩 넣어 볶는다. ②는 그대로 볶는다.

6. 3つの器に[3色小麦粉の薄皮]の材料をそれぞれ入れてよく混ぜ、3色(赤・緑・白)を用意する。フライパンに油を広げ、小麦粉の薄皮を丸く薄焼きにする。

그릇 3개에 [3색 밀전병]의 재료를 각각 넣어 잘 섞어 3색(적색, 녹색, 흰색)을 준비한다. 팬에 기름을 둘러 밀전병을 동그랗고 얇게 부친다.

7. [からしソース]を作る。

[겨자소스]를 만든다.

8. ③〜⑥を器に綺麗に盛り付ける。

③~⑥을 예쁘게 그릇에 담는다.

도토리묵무침

5. どんぐりのムクの和え物 ———

材料（4人前）	재료(4인분)
サンチュ　3枚	상추　3장
にんじん　1/2本	당근　1/2개
玉ねぎ　1/2個	양파　1/2개
[ムク作り]	[묵 만들기]
どんぐりのムクの粉　1カップ	도토리묵 가루　1컵
水　5カップ	물　5컵
ごま油　大さじ1	참기름　1큰술
塩　1つまみ	소금　1꼬집
[ムクの味付け]	[묵 간]
しょう油　大さじ1	간장　1큰술
ごま油　大さじ1	참기름　1큰술
[ヤンニョムジャン]	[양념장]
しょう油　大さじ4	간장　4큰술
砂糖　大さじ1	설탕　1큰술
梅シロップ　大さじ1	매실청　1큰술
粉唐辛子　大さじ1	고춧가루　1큰술
おろしにんにく　大さじ1	간 마늘　1큰술
酢　大さじ1/2	식초　1/2큰술
ごま油　大さじ2	참기름　2큰술
すりごま　少々	간 깨　조금
[盛り付け]	[고명]
いりごま　少々	통깨　조금
唐辛子又は糸唐辛子　少々	고추 또는 실고추　조금

❖ 料理に関する由来及び説明 (요리에 대한 유래나 설명)

　どんぐりのムクは韓国では老若男女に愛されている食べ物で、栄養があるうえ低カロリーなためダイエット中の人にも人気がある。どんぐりのムクはどんぐりのでんぷんを水と混ぜて沸騰させてから冷ました後、ヤンニョムジャンを添えて食べる料理で、ほろ苦くも柔らかくてほどよい弾力のある味わいが魅力的だ。どんぐりにはタンニンの成分が豊富で脂肪の吸収を抑制し、細胞の再生と老化防止にも効果があるという。またカリウムとビタミンも豊富なので、健康に関心の高い方におすすめだ。家でどんぐりのムクの和え物を作って爽やかで甘いドンドン酒 (濁り酒) と一緒に味わってみてほしい。

　도토리묵은 한국에서는 남녀노소 모두 좋아하는 음식이고 영양이 좋은 데다가 칼로리가 낮아 다이어트를 하는 분들에게도 인기가 많다. 도토리묵은 도토리 전분을 물과 섞어 끓여 식힌 후 양념장을 곁들여 먹는 음식으로 쌉쌀하면서도 부드럽고 탱글탱글한 맛이 매력적이다. 도토리에는 타닌 성분이 풍부해 지방 흡수를 억제해 주고 세포 재생과 노화 방지에도 도움을 준다고 한다. 또한, 칼륨과 비타민도 풍부해서 건강에 관심이 많은 분들에게 추천을 드리고 싶다. 집에서 도토리묵 무침을 만들어 시원하고 달콤한 동동주와 함께 드시기 바란다.

作り方 (만드는 법)

1. どんぐりのムクの粉1カップと水5カップを鍋に入れてよく混ぜる。火をつけた後、よく混ぜながらお粥状になる前に、塩一つまみとごま油大さじ1を入れてよく混ぜる。水分が蒸発し、お粥のようにとろみがついて、濃い茶色に変われば、火から下ろし、器に盛って冷ます。
   * どんぐりのムクは前日に作って冷蔵庫に保管

   도토리묵 가루 1컵과 물 5컵을 냄비에 넣고 잘 섞는다. 불을 켠 후 잘 저어가며 죽처럼 되기 전에 소금 한 꼬집과 참기름 1큰술을 넣어 잘 섞는다. 수분이 증발하고 죽처럼 걸쭉하게 되어 진한 갈색으로 변하면 불을 끄고 그릇에 담아 식힌다.
   * 도토리묵은 하루 전에 만들어 냉장고에 보관

2. [ヤンニョムジャン]を作る。
   [양념장]을 만든다.

3. にんじん、玉ねぎ、サンチュは洗った後、細切りにする。玉ねぎは水にさらして辛みを取り、水気を切る。

당근, 양파, 상추는 씻은 후 채를 썬다. 양파는 물에 담가 매운맛을 빼고 물기를 제거한다.

4. ムクは縦に4等分に切った後、横に1cm厚さに切る。

묵은 세로로 4등분으로 자른 후 가로로 1센티 크기로 자른다.

5. ボールに④と[ムクの味付け]の調味料を入れて下味をつける。

볼에 ④와 [묵 간]의 조미료를 넣고 밑간을 한다.

6. ⑤に②のヤンニョムジャンと③の野菜を入れ、さっと和えた後、器に盛っていりごまを振りかければ完成。

⑤에 ②의 양념장과 ③의 야채를 넣고 살짝 버무린 후 그릇에 담아 통깨를 뿌리면 완성.

보쌈

6. ポッサム

材料(4人前)	재료(4인분)
豚肉(ばらブロック)　1.4kg	돼지고기(삼겹살)　1.4킬로그램
にんにく　3片	마늘　3쪽
青・赤唐辛子　各1個	청홍고추 각　1개
きゅうり　2本	오이　2개
にんじん　1本	당근　1개
包み野菜(白菜、サンチュ、えごまの葉)　適量	쌈야채(배추, 상추, 깻잎)　적당량
＊にんにくと青唐辛子は好みに合わせて使用	*마늘과 청양고추는 기호에 맞게 사용

[肉の香りづけ]	[고기의 향신 재료]
白ねぎ　1本	대파　1대
玉ねぎ　1個	양파　1개
生姜　1片	생강　1쪽
にんにく　5片	마늘　5쪽
大根　100g	무　100g
焼酎　1/2カップ	소주　1/2컵
味噌　大さじ3	된장　3큰술
粒こしょう　小さじ1/2	통후추　1/2작은술
月桂樹の葉　3枚	월계수잎　3장
インスタントコーヒー　大さじ1/2	커피　1/2큰술

[あみえびの塩辛ヤンニョム]	[새우젓 양념]
ごま油　大さじ1/2	참기름　1/2큰술
おろしにんにく　大さじ1/2	간 마늘　1/2큰술
すりごま　大さじ1/2	간 깨　1/2큰술
粉唐辛子　大さじ1/2	고춧가루　1/2큰술
万能ねぎ(みじん切り)　少々	다진 파　조금

[味噌ヤンニョム]	[된장 양념]
味噌　大さじ3	된장　3큰술
コチュジャン　大さじ1	고추장　1큰술
おろしにんにく　小さじ1	간 마늘　1작은술
万能ねぎ(みじん切り)　少々	다진 파　조금
ごま油　大さじ1/2	참기름　1/2큰술
いりごま　少々	통깨　조금

❖ 料理に関する由来及び説明 (요리에 대한 유래나 설명)

　茹でた豚肉を薄くスライスして、キムチと一緒に食べる料理で、塩漬け白菜やサンチュに包んで食べることも。ポッサムとは福の象徴である豚肉を包むという意味から付けられた名前だ。油を取り除いたあっさりした肉と野菜を一緒に楽しめてボリューム感もあるため、おもてなし料理にもおすすめだ。冬場は新鮮な生牡蠣を大根キムチと和えて器に盛れば、ポッサム料理をより多彩に楽しめる。

　삶은 돼지고기를 편육으로 썰어서 김치와 함께 먹는 음식으로 절인 배춧잎이나 상추에 싸 먹기도 한다. 보쌈이란 복을 상징하는 돼지고기를 싼다는 뜻에서 붙여진 이름이다. 기름이 제거된 담백한 고기와 야채를 함께 즐길 수 있고 푸짐하게 보이기 때문에 손님 접대 요리로 추천한다. 겨울철에는 싱싱한 생굴을 무김치와 함께 버무려서 그릇에 담으면, 보쌈 요리를 더욱 다양하게 즐길 수 있다.

作り方 (만드는 법)

1. 豚肉を水に浸して、30分ほど血を抜く。
　돼지고기를 물에 담가서 30분 정도 핏물을 뺀다.

2. 焼酎以外の[肉の香りづけ]の材料と肉が浸かる程度の水を鍋に入れ、強火にかける。沸騰し始めたら、豚肉と焼酎を入れて、中火で1時間ほど茹でる。
　소주를 제외한 [고기의 향신 재료]와 돼지고기가 잠길 정도의 물을 냄비에 붓고 강불로 끓인다. 끓기 시작하면 돼지고기와 소주를 넣고 중불에서 1시간 정도 끓인다.

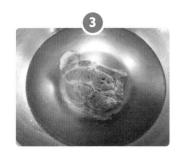

3. ボールに肉が浸かる程度の水と塩大さじ1(材料外)を入れてよく溶かした後、②を1分ほど浸す。

볼에 고기가 담길 정도의 물과 소금 1큰술(재료 외)을 넣어 잘 섞어 녹인 후 ②를 1분 정도 담근다.

4. 青・赤唐辛子は斜め切りにして種を取り、にんにくは皮をむいて薄切りに、きゅうりとにんじんは4cm長さに切る。

청홍고추는 어슷 썰어 씨를 빼고, 마늘은 껍질을 벗겨 슬라이스. 오이와 당근은 4센티 길이로 자른다.

5. ③を食べやすく切る。

③을 먹기 좋게 썬다.

6. ④、⑤、混ぜて作った[あみえびの塩辛ヤンニョム]、[味噌ヤンニョム]、包み野菜を器に盛る。
* 包み野菜に肉、にんにく、唐辛子、ヤンニョムジャンをのせて包んで食べると逸品だ。

④、⑤, 섞어서 만든 [새우젓 양념], [된장 양념], 쌈야채를 그릇에 담는다.
* 쌈야채에 고기, 마늘, 고추, 양념장을 올려 싸서 먹으면 일품이다.

부대찌개

7. プデチゲ

材料(4人前)	재료(4인분)
スパム　340g	스팸　340그램
ソーセージ　10本	소시지　10개
キムチ　100g	김치　100그램
木綿豆腐　1丁	두부　1모
玉ねぎ　1個	양파　1개
白ねぎ　1本	대파　1대
しいたけ　1/2パック	표고버섯　1/2팩
えのき　1/2パック	팽이버섯　1/2팩
いりこ出汁　5カップ	멸치 육수　5컵
こしょう　少々	후추　조금
サラダ油　少々	식용유　조금
[ヤンニョムジャン]	[양념장]
豚ミンチ　150g	다진 돼지고기　150그램
万能ねぎ(みじん切り)　1/2本	다진 파　1/2대
おろしにんにく　大さじ2	간 마늘　2큰술
コチュジャン　大さじ2	고추장　2큰술
粉唐辛子　大さじ4	고춧가루　4큰술
砂糖　大さじ1	설탕　1큰술
しょう油　大さじ2	간장　2큰술
料理酒　大さじ3	요리주　3큰술
[盛り付け]	[고명]
菊菜　30g	쑥갓　30그램

❖ 料理に関する由来及び説明 (요리에 대한 유래나 설명)

　　プデチゲ (部隊鍋) は 1950 年代の朝鮮戦争勃発以後、韓国に米軍が駐屯するようになり、そこで使用されていたスパム、ソーセージ、ベーコン等が外部に流出し、それをキムチと一緒に入れて炒めたのが始まりとする説がある。実際に米軍部隊の近くでは、地域性を反映したプデチゲが発達している。現在は酒の肴やご飯のおかずとして国民のチゲ (鍋) 料理として生まれ変わっている。

　　부대찌개는 1950년대 6.25 전쟁이 발발한 이후 한국에 미군이 주둔하게 되고, 주한미군 부대에서 사용되던 스팸, 소시지, 베이컨 등이 부대 밖으로 유출되면서 그것을 김치와 함께 넣고 볶은 요리가 원조라는 설이 있다. 실제로 미군부대 인근에는 지역성을 반영한 부대찌개가 발달해 있다. 지금은 술 안주나 밥반찬으로 변하여 국민 찌개 요리로 탄생하였다.

作り方 (만드는 법)

1. 豚ミンチとねぎ、にんにくを除いたすべての[ヤンニョムジャン]の材料をボウルに入れてよく混ぜておく。
   다진 돼지고기와 파, 마늘을 제외한 모든 [양념장] 재료를 볼에 넣어 잘 섞어 둔다.

2. フライパンにサラダ油を引き、ねぎとにんにくを入れて炒める。
   팬에 식용유를 두르고 파와 마늘을 넣고 볶는다.

3. ①を入れて余分な水分がなくなるまで炒める。
   * 火は弱火にし、こげないように注意する。
   ①을 넣고 여분의 수분이 없어질 때까지 볶는다.
   * 불은 약불로 하고 타지 않도록 주의한다.

4. 豆腐は一口サイズに切り、しいたけは表面に星型の切り込みを入れる。えのきは手で裂いておく。玉ねぎは薄切り、白ねぎは細切り、キムチは一口サイズに切る。

두부는 한 입 크기로 썰고, 표고버섯은 표면에 별 모양을 만든다. 팽이버섯은 손으로 갈라놓는다. 양파는 채를 썰고, 대파는 길게 채를 썰고, 김치는 한 입 크기로 썬다.

5. スパムは食べやすい大きさに薄切りにして、ソーセージは斜め切りにする。

스팸은 먹기 좋은 크기로 얇게 썰고, 소시지는 어슷하게 썬다.

6. 鍋に③、④、⑤を見栄え良く盛り、いりこ出汁5カップを注ぎ、ぐらぐらと沸騰させる。すべての材料が煮えれば、こしょうをふって、春菊をのせれば完成。
   * お好みでラーメンの麺、餃子、トックの餅、チーズを入れても良い。最後に残った汁にご飯とごま油を入れて炒め、海苔粉をかけて食べてもいい。

냄비에 ③, ④, ⑤ 를 먹음직스럽게 담고, 멸치 육수 5컵을 부어 팔팔 끓인다. 모든 재료가 익으면 후추를 넣고 쑥갓을 올리면 완성.
   * 취향에 따라 라면 사리, 만두, 떡국 떡, 치즈를 넣어도 되고, 마지막 남은 국물에 밥과 참기름을 넣어 볶고 김가루를 뿌려 먹어도 좋다.

폭탄계란찜

8. 爆弾ケランチム

材料(4人前)	재료(4인분)
卵　7個	계란　7개
昆布出汁　1/2カップ	다시마 육수　1/2컵
にら　50g	부추　50그램
パプリカ(赤)　30g	파프리카(빨간색)　30그램
青唐辛子　1個	청양고추　1개
ごま油　小さじ1	참기름　1작은술
[ケランチムの味付け]	[계란찜 간]
おろしにんにく　大さじ1/2	간 마늘　1/2큰술
料理酒　大さじ1	요리주　1큰술
梅シロップ　大さじ1	매실청　1큰술
塩　小さじ1/2	소금　1/2작은술
あみえびの塩辛の汁　大さじ1/2	새우젓 국물　1/2큰술
[盛り付け]	[고명]
黒こしょう　少々	흑임자　조금
糸唐辛子　少々	실고추　조금
パセリ　少々	파슬리　조금

❖ 料理に関する由来及び説明 (요리에 대한 유래나 설명)

　　爆弾ケランチムは食堂のサービスとしてよく出て来る茶碗蒸しで、爆弾を投下して爆発させたように膨れ上がった姿から付けられた料理名だ。はじめてその名前を聞いた時、あまりにも面白くて笑ってしまった。ユーモア溢れる韓国人の情緒がここにも垣間見える。食べ終わるまで熱くてふうふうと冷ましながら食べる、柔らかくてしっとりした爆弾ケランチム！今年は家で爆弾ケランチムをお披露目して、家族みんなに暖かい感動と笑顔をプレゼントしてほしい。

　　폭탄계란찜이란 주로 식당에서 서비스로 많이 나오는 계란찜으로 폭탄을 투하해서 폭발을 시킨 것처럼 부풀어 오르게 만든 모습에서 따온 음식명이다. 처음 그 이름을 들었을 때 너무나 재미있어 웃음이 나와 버렸다. 유머 감각이 넘치는 한국인들의 정서를 여기에서도 엿볼 수 있다. 오래도록 뜨거워 후~후~식혀가며 먹는 부드럽고 촉촉한 폭탄계란찜! 올해는 집에서 폭탄계란찜을 선보여 가족 모두에게 포근한 감동과 웃음을 선사하기 바란다.

作り方 (만드는 법)

1. ボールに卵を入れて溶く。
   볼에 계란을 넣고 푼다.

2. にらとパプリカ、青唐辛子は細かく刻む。
   부추와 파프리카, 청양고추는 잘게 다진다.

3. 土鍋に昆布出汁を入れ、[ケランチムの味付け]の材料を入れて沸騰させる。
   뚝배기에 다시마 육수를 넣고, [계란찜 간]의 재료를 넣고 끓인다.

4. ③に①と②を加えて焦げないようにスプーンでかき混ぜる。(強火)
③에 ①과 ②를 추가하고 타지 않도록 숟가락으로 저어준다(강불).

5. 卵が少しずつ煮えてきたらスプーンでかき混ぜる(中火)。卵に80〜90%ほど火が通ったら、他の土鍋を逆さまにして上に載せ、2〜4分ほど蒸らす(弱火)。
* 上に載せる土鍋がなければサイズが合う他の器でも可能。器を載せれば、もっと膨れて柔らかいケランチムになる。
계란이 조금씩 익으면 숟가락으로 저어준다(중불). 계란이 80~90% 익으면 다른 뚝배기를 거꾸로 해서 위에 엎어, 2~4분 정도 뜸을 들인다(약불).
* 위에 엎을 뚝배기가 없으면 사이즈가 맞는 다른 그릇도 가능. 그릇을 엎으면 더 부풀어 오르고 부드러운 계란찜이 된다.

6. 爆弾のように膨らんだら、ごま油と[盛り付け]の黒こしょう、糸唐辛子、パセリを載せれば完成。
폭탄처럼 부풀어 오르면 참기름과 [고명]의 흑임자, 실고추, 파슬리를 얹으면 완성.

9. 豆もやしと干し鱈のスープ ──

材料(4人前)	재료(4인분)
干し鱈　50g	북어　50그램
大根　300g	무　300그램
豆もやし　100g	콩나물　100그램
青唐辛子　1個	청양고추　1개
白ねぎ　1本	대파　1대
卵　2個	계란　2개
[スープの味付け]	[국 간]
ごま油　大さじ2	참기름　2큰술
水　8カップ	물　8컵
おろしにんにく　大さじ1	간 마늘　1큰술
薄口しょうゆ　大さじ1	국간장　1큰술
いわしエキス　大さじ2	멸치액젓　2큰술
料理酒　大さじ2	요리주　2큰술
こしょう　少々	후추　조금
[盛り付け]	[고명]
赤唐辛子　1個	붉은고추　1개
いりごま　少々	통깨　조금

❖ 料理に関する由来及び説明 (요리에 대한 유래나 설명)

　韓国では二日酔いの時、豆もやしのスープ、干し鱈のスープなどをよく食べる。豆もやしにはカリウム、ビタミンC、アスパラギン酸が含まれていて疲労回復に効果的だ。干し鱈は肝臓を保護し、体内の老廃物を排出して解毒するのに役立つ。豆もやしと干し鱈、この二つの食材を入れて作った干し鱈のスープは忙しい現代人の疲れた生活の強い味方になってくれる料理だろう。

　한국에서는 숙취 시 콩나물국, 북엇국 등을 즐겨 먹는다. 콩나물에는 칼륨, 비타민C, 아스파라긴산이 함유되어 피로회복에 효과적이다. 북어는 간을 보호하고 체내의 노폐물을 배출하고 해독하는 데 도움이 된다. 콩나물과 북어 이 두 가지 식재료를 넣어 만든 북엇국은 바쁘게 사는 현대인들의 피곤한 생활에 정말 도움이 되는 음식이지 않을까 싶다.

作り方 (만드는 법)

1. 干し鱈を4カップの水でもどす。10分後干し鱈をざるにあげて水気を切ってから、食べやすい長さに切る。干し鱈を水でもどす時に使用した水は捨てずに取っておく。
   북어에 물 4컵을 붓고 불린다. 10분 후 북어를 체에 밭쳐 물기를 뺀 후 먹기 좋은 길이로 자른다. 북어를 불릴 때 사용한 물은 버리지 않고 사용한다.

2. 大根は厚めのいちょう切りにする。もやしは洗っておき、白ねぎと青唐辛子、[盛り付け]の赤唐辛子は斜め切りにする。
   * 辛いのが苦手な方は青唐辛子は入れなくても良い。
   무는 두껍게 은행잎 썰기를 한다. 콩나물은 씻어 두고, 대파와 청양고추[고명]의 붉은고추는 어슷썰기를 한다.
   * 매운 걸 못 드시는 분들은 풋고추를 넣지 않아도 된다.

3. 鍋にごま油をひいて干し鱈、大根、[スープの味付け]のにんにく、薄口しょうゆを入れて充分に炒める。おいしそうな香りがしてきたら、①の干し鱈をもどした水4カップを入れて沸騰させる。
   냄비에 참기름을 두르고 북어, 무, [국 간]이 마늘, 국간장을 넣고 충분히 볶는다. 맛있는 향이 나면 ①의 북어 불린 물 4컵을 부어 끓인다.

4. ③が沸騰したら水4カップをさらに注いで沸騰させた後、②のもやし、白ねぎ、青唐辛子、[スープの味付け]のいわしエキス、料理酒を入れて沸騰させる。
③이 끓으면 물 4컵을 더 붓고 끓인 후 ②의 콩나물, 대파, 청양고추, [국 간]의 멸치액젓, 요리주를 넣고 끓인다.

5. 塩とこしょうで味をととのえた後、溶き卵を入れて火を通す。
소금과 후추로 간을 한 후 계란을 풀어 넣고 익힌다.

6. 器に盛って[盛り付け]を載せれば完成。
그릇에 담고 [고명]을 얹으면 완성.

불고기

10. プルコギ

材料（4人前）	재료(4인분)
牛肉　800g	소고기　800그램
玉ねぎ　1個	양파　1개
白ねぎ　1本	대파　1대
にんじん　50g	당근　50그램
まいたけ　100g	느타리버섯　100그램
えのき　80g	팽이버섯　80그램
パプリカ(赤)　1個	파프리카(빨간색)　1개
[ヤンニョムジャン]	[양념장]
砂糖　大さじ5	설탕　5큰술
水飴　大さじ4	물엿　4큰술
料理酒　大さじ5	요리주　5큰술
おろしにんにく　大さじ3	간 마늘　3큰술
おろし生姜　大さじ1	간 생강　1큰술
ごま油　大さじ3	참기름　3큰술
しょう油　1/2カップ	간장　1/2컵
こしょう　少々	후추　조금
[盛り付け]	[고명]
いりごま　少々	통깨　조금
糸唐辛子　少々	실고추　조금

❖ 料理に関する由来及び説明 (요리에 대한 유래나 설명)

　　プルコギは様々な種類の肉に味付けして焼いて食べる料理として韓国人はもちろん外国人にも人気のある韓国料理だ。プルコギの起源は高句麗時代の「貊炙」で、「貊炙」とは肉をたれにつけてから焼く料理だ。皆に人気のあるプルコギは種類も豊富だ。牛肉プルコギ、豚肉プルコギ、鶏肉プルコギ、イカとサムギョプサルのプルコギ、豆もやしプルコギ、コチュジャンプルコギ等があり、調理別に見ればつゆプルコギ、土鍋プルコギ、焼き網プルコギ等がある。一つずつ作ってみながらお好みのプルコギを探してみてほしい。

　　불고기는 여러 종류의 고기에 양념을 하여 구워 먹는 음식으로 한국인은 물론 외국인에게도 인기가 있는 한식이다. 불고기의 기원은 고구려 시대의 맥적(貊炙)으로, 맥적은 고기를 양념에 재워 굽는 요리다. 누구에게나 인기 있는 불고기는 종류도 다양하다. 소고기불고기, 돼지불고기, 닭불고기, 오삼불고기, 콩나물불고기, 고추장불고기 등이 있고 조리별로 보면 국물불고기, 뚝배기불고기, 석쇠불고기 등이 있다. 하나하나 만들어 보면서 입에 맞는 불고기를 찾아보시기 바란다.

作り方 (만드는 법)

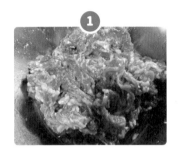

1. [ヤンニョムジャン]を作り、そこに牛肉を入れてよく混ぜた後、冷蔵庫で30分ほど寝かせる。
   [양념장]을 만들고 거기에 준비한 소고기를 넣어 잘 주무른 후 냉장고에서 30분 정도 재운다.

2. 玉ねぎとパプリカは千切り、にんじんは短冊切りにする。白ねぎは斜め切り、きのこは食べやすいよう手で裂いておく。
   양파와 파프리카는 채를 썰고 당근은 납작하고 길게 썬다. 대파는 어슷하게 썰고, 버섯은 손으로 먹기 좋게 찢어 둔다.

3. フライパンに①を入れて炒める。
   팬에 ①을 넣어 볶는다.

4. 牛肉に半分ほど火が通ったら②のにんじんと玉ねぎを加え炒めた後、きのこを入れる。最後にパプリカと白ねぎを入れて炒める。

   소고기가 반 정도 익으면 ②의 당근과 양파를 넣고 볶은 후, 버섯을 넣는다. 마지막에 파프리카와 대파를 넣어 볶는다.

5. すべて火が通ったら味見をして、好みに合わせて味を整える。味が薄ければしょう油とこしょうを追加する。

   모두 익으면 맛을 보고 입맛에 맞게 양념을 조절한다. 간이 약하면 간장과 후추를 조금 더 가미한다.

6. 器に盛り、ごまと糸唐辛子を載せれば完成。

   그릇에 담고, 깨와 실고추를 얹으면 완성.

고등어 무조림

11. さば大根の甘辛煮 —————

材料（4人前）	재료（4인분）
サバ　1尾(4等分)	고등어　1마리(4등분)
大根　300g	무　300그램
玉ねぎ　1個	양파　1개
青唐辛子　2個	청양고추　2개
白ねぎ　1本	대파　1대
いりこ出汁　3カップ	멸치　육수 3컵
[ヤンニョムジャン]	[양념장]
粉唐辛子　大さじ2	고춧가루　2큰술
コチュジャン　大さじ1	고추장　1큰술
味噌　大さじ1	된장　1큰술
オリゴ糖　大さじ3	올리고당　3큰술
薄口しょう油　大さじ1	국간장　1큰술
いわしエキス　大さじ1	멸치액젓　1큰술
おろしにんにく　大さじ2	간 마늘　2큰술
おろし生姜　大さじ1	간 생강　1큰술
塩　少々	소금　조금
こしょう　少々	후추　조금
[盛り付け]	[고명]
春菊　30g	쑥갓　30그램
えのき　30g	팽이버섯　30그램

❖ 料理に関する由来及び説明 （요리에 대한 유래나 설명）

　　大根が美味しい季節〜冬！大根を入れて魚を煮れば、ご飯一杯ぺろり！ 熟成したキムチや大根の葉を入れて煮込めば、他のおかずは不要だ。一般家庭でよく作るおかずだ。サバは DHA、EPA 不飽和脂肪酸が豊富で、動脈硬化や脳卒中予防に効果がある。サバは調理前に米のとぎ汁に浸してから調理すれば魚の生臭さを取り除くことができる。米のとぎ汁がなかったり時間がない時は料理酒や生姜を使えば生臭さを取り除くのに役立つ。韓国人が好きな栄養満点の「サバ大根の甘辛煮」に、みなさんもぜひ挑戦してみてほしい。

　　무가 맛있는 계절~겨울! 무를 넣고 생선을 조리면 밥 한 그릇 뚝딱! 묵은지나 시래기를 넣어 조리면 다른 반찬이 필요 없다. 일반 가정에서 잘 만드는 반찬이다. 고등어는 DHA, EPA불포화지방산이 풍부해 동맥경화나 뇌졸중 예방에 도움을 준다. 고등어는 조리를 하기 전에 먼저 쌀뜨물에 담가 생선의 비린내를 제거한다. 쌀뜨물이 없거나 시간이 없을 때는 술이나 생강을 사용하면 비린내 제거에 도움이 된다. 한국인이 좋아하고 영양도 만점인 '고등어무조림'을 여러분도 도전해 보시기 바란다.

作り方 (만드는 법)

1. サバは生臭さを取り除くためにきれいに洗って、20分以上米のとぎ汁に浸しておく。
   고등어는 비린내를 제거하기 위해 깨끗하게 씻어 20분 이상 쌀뜨물에 담가놓는다.

2. 大根は1センチの厚さに切り、面取りをして、ヤンニョムジャンがよく染み込むように十字に隠し包丁を入れる。玉ねぎは半分に切り、それぞれ4等分する。青唐辛子と白ねぎは斜め切りにする。
   무는 1센티 두께로 썰어 무의 뾰족한 모서리 부분을 모가 나지 않도록 돌려 깎은 후 양념장이 잘 스며들도록 십자로 칼집을 넣는다. 양파는 반으로 자르고 각각 4등분 한다. 청양고추와 대파는 어슷하게 썬다.

3. [ヤンニョムジャン]の材料を混ぜてヤンニョムジャンを作る。
   [양념장]의 재료를 섞어서 양념장을 만든다.

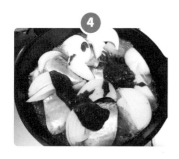

4. 鍋に大根を敷いて、サバと玉ねぎを置いた後[ヤン
ニョムジャン]といりこ出汁3カップを入れて煮る。(強
火→中火)
　냄비에 무를 깔고 고등어, 양파를 놓은 다음 양념장과 멸
치 육수 3컵을 넣고 끓인다. (강불 → 중불)

5. 大根とサバに火が通って煮汁が1/2に減ったら、残り
の白ねぎと青唐辛子を入れて弱火で煮る。
　무와 고등어가 익어 국물이 1/2로 줄면 나머지 대파와
청양고추를 넣고 약불로 끓인다.

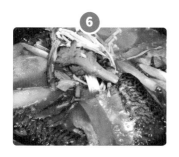

6. 煮汁が1/3ほどに減れば、火を止める直前に春菊とえ
のきを上に載せて軽く火を通す。
　국물이 1/3 정도로 줄면 불을 끄기 전에 쑥갓과 팽이버섯을
위에 얹어 살짝 익힌다.

12. じゃがいものチヂミ

材料（4人前）	재료（4인분）
じゃがいも　6個	감자　6개
玉ねぎ　1個	양파　1개
すりおろしにんにく　大さじ1	간 마늘　1큰술
小麦粉　大さじ3	밀가루　3큰술
塩　少量	소금　조금
こしょう　少量	후추　조금
サラダ油　少量	식용유　조금
[ヤンニョムジャン]	[양념장]
しょう油　大さじ4	간장　4큰술
酢　大さじ2	식초　2큰술
粉唐辛子　大さじ1/2	고춧가루　1/2큰술
おろしにんにく　大さじ1/2	간 마늘　1/2큰술
砂糖　小さじ1	설탕　1작은술
ごま油　小さじ2	참기름　2작은술
いりごま　少々	통깨　조금
[盛り付け]	[고명]
青・赤唐辛子　各2本	청홍고추　각 2개
いりごま　少々	통깨　조금

❖ 料理に関する由来及び説明 （요리에 대한 유래나 설명）

　　じゃがいものチヂミ（カムジャジョン）は江原道地方の郷土料理だ。一般的にジョン（チヂミ）は小麦粉と卵を混ぜて焼くが、じゃがいものチヂミはじゃがいもを入れるところに違いがある。じゃがいもはすり下ろして小麦粉と混ぜ、好みに合わせて玉ねぎや唐辛子等を入れることもある。じゃがいもにでんぷんが多く入っているため、じゃがいもだけでも充分に美味しいジョンになる。

　　감자전은 강원도 지방의 향토 음식이다. 일반적으로 전은 밀가루와 계란을 넣고 부치지만, 감자전은 감자를 넣는 데에 차이가 있다. 감자를 갈아서 밀가루와 섞고, 기호에 따라 양파를 갈아 넣거나 고추 등을 넣기도 한다. 감자 자체에 전분이 많이 들어있기 때문에 감자만 사용해도 충분히 맛있는 전이 된다.

作り方 (만드는 법)

1. じゃがいもと玉ねぎは洗って皮をむいた後、おろし金
   ですりおろす。
   ＊ミキサー使用可能
   감자와 양파는 씻어서 껍질을 제거한 후 강판에 간다.
   ＊믹서기 사용 가능

2. ボウルの上にざるを載せてから①を置き、水分を下
   に落として、水分とでんぷんを分離する。
   볼 위에 체를 얹어서 ①을 담고, 수분이 밑으로 빠지게 둔
   후 수분과 전분을 분리한다.

3. [ヤンニョムジャン]を作る。
   [양념장]을 만든다.

4. 唐辛子(青・赤)は輪切りにして、種を取り除く。
　고추(청・홍)는 동그랗게 송송 썰어 씨를 제거한다.

5. ②のすり下ろしたじゃがいもと玉ねぎは新しいボウ
　ルに入れて、ざるの下に落ちた水分は捨て、下に沈ん
　だでんぷんだけ新しいボウルに一緒に混ぜる。
　②의 간 감자와 양파는 새 볼에 담고, 체 밑으로 빠진 수
　분은 버리고 밑에 가라앉은 전분만 새 볼에 함께 섞는다.

6. ⑤におろしにんにく、小麦粉を入れて混ぜ、塩とこしょ
　うで味を調える。
　⑤에 간 마늘, 밀가루를 넣어 섞고 소금과 후추로 간을 한다.

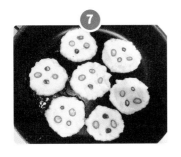

7. 油を引いたフライパンにスプーンですくい入れ、上
　に④の青・赤唐辛子で飾り付け、両面をこんがりと焼
　く。完成すれば器に盛り、ヤンニョムジャンを添える。
　기름을 두른 팬에 수저로 떠서 놓고 위에 ④의 청홍고추
　로 장식을 하여 앞뒤로 노릇노릇하게 굽는다. 완성되면
　그릇에 담고 양념장을 곁들인다.

토마토김치

13. トマトキムチ

材料(6人前)	재료(6인분)
トマト　6個	토마토　6개
セリ　1/2束	미나리　1/2다발
玉ねぎ　1個	양파　1개
[ヤンニョム]	[양념]
粉唐辛子　1/2カップ	고춧가루　1/2컵
おろしにんにく　1/4カップ	간 마늘　1/4컵
おろし生姜　大さじ1	간 생강　1큰술
オリゴ糖　大さじ3	올리고당　3큰술
梅シロップ　大さじ1	매실청　1큰술
いわしエキス　大さじ1	멸치액젓　1큰술
塩　小さじ1/2	소금　1/2작은술
すりゴマ　大さじ1	간 깨　1큰술
[盛り付け]	[고명]
いりごま　少々	통깨　조금

❖ 料理に関する由来及び説明 (요리에 대한 유래나 설명)

　　ビタミンとミネラルを豊富に含むスーパーフード、トマト！　幼い頃にみずみずしいトマト
を手に取り、よく食べていたことを思い出す。さっぱりして爽やかな上に健康にも良いトマ
トはそのまま食べても良いが、今回は目新しいトマトキムチをご紹介したい。短時間で簡
単に作れて、味も格別だ。食欲と体力が落ちる夏にぴったりの一品をぜひ味わってほしい。

　　비타민과 무기질을 풍부하게 함유하고 있는 슈퍼푸드 토마토! 어릴 적 싱싱한 토마토를 손에 들고 자
주 먹었던 기억이 난다. 시원하고 상큼한 데다가 건강에도 좋은 토마토는 그대로 먹어도 좋지만 이번에
는 좀 색다르게 토마토 김치를 소개해 드리고 싶다. 짧은 시간에 간단하게 만들 수 있고 맛도 각별하다.
식욕과 체력이 떨어지는 여름에 딱 어울리는 일품을 맛보시기 바란다.

作り方 (만드는 법)

1. トマトは流水できれいに洗う。
   토마토는 흐르는 물에 깨끗하게 씻는다.

2. [ヤンニョム]の材料を混ぜる。
   [양념]의 재료를 섞는다.

3. トマトを8等分に切る。
   토마토를 8등분으로 자른다.

4. セリは4cm長さに切り、玉ねぎは半分に切ってから薄切りにする。

미나리는 4센티 길이로 자르고, 양파는 반으로 잘라서 얇게 썬다.

5. ②に④の玉ねぎと③のトマトを入れて軽く和えた後、④のセリを入れて再び和える。

②에 ④의 양파와 ③의 토마토를 넣어 살짝 버무린 후, ④의 미나리를 넣어 다시 버무린다.

6. 器に盛っていりごまをかければ完成

그릇에 담고 통깨를 뿌리면 완성.

김치

14. キムチ

材料(6人前)	재료(6인분)
白菜　1株	배추　1포기
大根　500g	무　500그램
わけぎ　1束	쪽파　1단
[塩漬け]	**[소금 절임]**
粗塩　2カップ	굵은 소금　2컵
(1カップは塩漬け用、残りの1カップは振りかけ用)	(1컵은 소금 절임용, 나머지 1컵은 뿌림용)
水　3ℓ	물　3리터
[もち米糊]	**[찹쌀풀]**
もち米　大さじ2	찹쌀　2큰술
水　1/2カップ	물　1/2컵
[ヤンニョム]	**[양념]**
粉唐辛子(キムチ用)　2と1/2カップ	고춧가루(김치용)　2와 1/2컵
もち米糊　1/2カップ	찹쌀풀　1/2컵
りんご　1/2個	사과　1/2개
柿　1個	감　1개
玉ねぎ　1個	양파　1개
さつまいも　100g	고구마　100그램
おろしにんにく　1カップ	간 마늘　1컵
おろし生姜　1/2カップ	간 생강　1/2컵
あみえびの塩辛　1/2カップ	새우젓　1/2컵
いかの塩辛　1/4カップ	오징어젓　1/4컵
梅シロップ　1/3カップ	매실청　1/3컵
オリゴ糖　1/2カップ	올리고당　1/2컵
いわしエキス　2/3カップ	멸치 액젓　2/3컵
すりごま　1/3カップ	간 깨　1/3컵
[盛り付け]	**[고명]**
いりごま　少々	통깨　조금
糸唐辛子　少々	실고추　조금

❖ 料理に関する由来及び説明 （요리에 대한 유래나 설명）

　キムチは白菜、大根、きゅうり等を塩漬けし、唐辛子、にんにく、生姜、塩辛等のヤンニョムで漬けて発酵させた韓国の伝統料理だ。世界5大健康食のキムチの種類は300種を超える。キムチはもともと「塩漬けした野菜」という意味の「チムチェ（沈菜）」と呼ばれていたが、時を経て発音が変化し「キムチ」と呼ばれるようになった。高麗時代のキムチは今とは違い、粉唐辛子や塩辛、肉類を使わなかったが、朝鮮王朝時代からは粉唐辛子と塩辛類を入れて作るようになった。よく熟成させたキムチは良質の生きた乳酸菌とビタミン、ミネラルが豊富だ。腸内環境を改善し、免疫力を強化してくれる。自身と家族の健康のため、キムチ作りに一度挑戦してみてほしい。

　김치는 배추, 무, 오이 등을 소금으로 절여 고추, 마늘, 생강, 젓갈 등의 양념으로 담가 발효시킨 한국 전통음식이다. 세계 5대 건강 음식인 김치의 종류는 300가지가 넘는다. 김치는 원래 '소금에 절인 채소'라는 뜻의 '침채(沈菜)'로 불렸는데 시대가 변하면서 발음의 변화로 '김치'로 불리게 되었다. 고려 시대의 김치는 지금과는 달리 고춧가루나 젓갈, 육류를 사용하지 않았지만 조선시대부터는 고춧가루와 젓갈류를 넣어 담게 되었다. 잘 숙성시킨 김치는 양질의 살아 있는 유산균과, 비타민, 무기질이 풍부하다. 장내 환경을 개선해 주고 면역력을 강화시켜 준다. 자신과 가족들의 건강을 위해 김치 만들기를 한번 도전해 보시기 바란다.

作り方 （만드는 법）

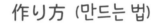

1. 白菜一株を1/4に切り分ける。水3ℓに塩1カップを入れて作った塩水に漬けてから取り出す。葉の間に、塩1カップをまんべんなく振りかけた後、再び塩水に浸す。途中白菜の位置を変えながら10時間以上漬ける。塩漬けした白菜は冷水で3回以上洗い、ざるにあげて10時間以上水気を切る。

　통배추를 1/4로 자른다. 물 3리터에 소금 1컵을 넣어 만든 소금물에 담갔다 꺼낸다. 배춧잎 사이에 소금 1컵을 골고루 뿌린 후 다시 소금물에 담근다. 중간에 배추의 위치를 바꾸면서 10시간 이상 절인다. 소금에 절인 배추는 찬물에 3번 이상 씻어, 채반에 담아 10시간 이상 물기를 뺀다.

2. 水1/2カップともち米粉大さじ2を鍋にいれて良く混ぜ弱火にかけた後、色が透明になりトロミが出るまでよく混ぜながらもち米糊を作って冷ます。

　물 1/2컵과 찹쌀가루 2큰술을 냄비에 넣고 잘 섞어 약불에 얹은 후 색이 투명해지고 걸쭉해질 때까지 잘 저어 찹쌀풀을 만들어 식힌다.

3. 大きめのボウルに太めの千切りにした大根と粉唐辛子粉2と1/2カップを入れて和える。
큰 볼에 굵게 채를 썬 무와 고춧가루 2와 1/2컵을 넣고 버무린다.

4. りんご、柿、たまねぎ、さつまいもはすりおろす。ねぎは4cm長さに切って、あみえびの塩辛とイカの塩辛は刻む。おろしにんにくとおろし生姜も一緒に用意する。
사과, 감, 양파, 고구마는 강판에 간다. 파는 4센티 길이로 썰고 새우젓과 오징어젓은 다진다. 간 마늘과 간 생강도 함께 준비한다.

5. ③に②とねぎを除く④、梅シロップとオリゴ糖、いわしエキス、すりごまを入れて混ぜる。軽く混ぜ、30分以上時間を置いて熟成させた後、ねぎを加える。
③에 ②와 파를 제외한 ④, 매실청, 올리고당, 멸치 액젓, 간 깨를 넣어 섞는다. 가볍게 섞고 30분 이상 시간을 두고 숙성시킨 후 파를 추가한다.

6. 白菜の葉の間にヤンニョムをまんべんなく塗りこむ。白菜を半分に折って外葉で包み、いりごまをかければ完成。保存容器に入れて熟成させる。
＊キムチは空気に触れないようにぎゅっと押してラップをかける。
＊完成したキムチは冬の場合3〜4日程度室温に置いた後、キムチから気泡が出始めたら冷蔵庫に入れて保管する。保管温度は0〜5度が適当。
＊2〜3週間後が熟成しておいしく召し上がれる。

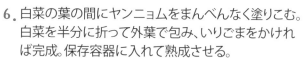

배추잎 사이에 양념을 골고루 바른다. 배추를 반으로 접어 겉잎으로 싼 후 통깨를 뿌리면 완성. 김치통에 담아 숙성시킨다.
＊김치는 공기에 노출되지 않도록 꾹꾹 눌러 랩으로 덮는다.
＊완성된 김치는 겨울의 경우 3~4일 정도 실온에 둔 다음 김치에서 기포가 생기기 시작하면 냉장고에 넣어 보관한다. 보관 온도는 0~5도가 적당하다.
＊2~3주 후가 숙성되어 맛있게 드실 수 있다.

第3章

おやつ 간식

1　ヤンニョムチキン
　　양념치킨

2　海苔混ぜ込みおにぎり
　　김가루주먹밥

3　ソットクソットク
　　소떡소떡

4　薬飯ケーキ
　　약밥케이크

5　インジョルミ
　　인절미

양념치킨

1. ヤンニョムチキン

材料（4人前）	재료(4인분)
鶏肉　1kg	닭고기　1킬로그램
牛乳　1と1/2カップ	우유　1과 1/2컵
片栗粉　1カップ	전분가루　1컵
サラダ油　適量	식용유　적량
[鶏の下味]	[닭 밑간]
料理酒　1/4カップ	요리주　1/4컵
おろしにんにく　大さじ1	간 마늘　1큰술
おろししょうが　大さじ1/2	간 생강　1/2큰술
こしょう　少々	후추　조금
塩　小さじ1	소금　1작은술
[ヤンニョムジャン]	[양념장]
砂糖　1/3カップ	설탕　1/3컵
オリゴ糖　1/3カップ	올리고당　1/3컵
りんごジュース　1カップ	사과주스　1컵
トマトケチャップ　1/2カップ	토마토케첩　1/2컵
粉唐辛子　大さじ3	고춧가루　3큰술
コチュジャン　大さじ2	고추장　2큰술
チリソース　1/2カップ	칠리소스　1/2컵
しょう油　大さじ2	간장　2큰술
おろしにんにく　1/2カップ	간 마늘　1/2컵
料理酒　1/3カップ	요리주　1/3컵
[盛り付け]	[고명]
ごまや刻んだピーナッツ　大さじ2	깨나 다진 땅콩　2큰술
レモン　少々	레몬　조금
パセリ　少々	파슬리　조금

❖ 料理に関する由来及び説明（요리에 대한 유래나 설명）

　ヤンニョムチキンは韓国人の趣向に合わせ、甘辛いコチュジャンベースのヤンニョムジャンを混ぜて誕生した料理だ。1980年代のテグ（大邱）発祥で、現在は大衆化した韓国料理だ。揚げた鶏肉にとろりとしたヤンニョムジャンが入るのでもちもちして柔らかい食感と甘辛い味に箸が止まらなくなる。子どものおやつやピクニックに行く時、酒のつまみにも最高だ。本場の味を家で作ってその風味を家族と一緒に味わってみてほしい。

　양념치킨은 한국인의 입맛에 맞게 매콤 달콤한 고추장을 베이스로 한 양념장을 버무려 탄생한 요리다. 1980년대 대구에서 처음 시작되었으며, 현재는 대중화된 한국요리다. 튀긴 닭에 걸쭉한 양념장이 들어가기 때문에 쫀득하고 부드러운 식감과 매콤 달콤한 맛에 손을 멈출 수가 없다. 아이들 간식이나 피크닉을 갈 때, 술안주로도 최고다. 본고장의 맛을 집에서 만들어 그 풍미를 가족과 함께 느껴보시기 바란다.

作り方（만드는 법）

1. 鶏肉は牛乳に1時間ほど浸して、生臭さを取る。(使用した牛乳は捨てる。)
　닭고기는 우유에 1시간 정도 담가 비린내를 제거한다.(사용한 우유는 버린다.)

2. ①を水で洗ってざるにあげ、水気を切った後、[鶏の下味]の材料で下味をつける。
　①을 물에 씻어 체에 밭쳐 물기를 제거한 후 [닭 밑간]의 재료로 밑간을 한다.

3. 鶏肉に片栗粉をまんべんなくまぶす。
　닭고기에 전분가루를 골고루 묻힌다.

4. 175度の油で4〜6分くらい中まで火が通るように揚げる。
175도의 기름으로 4~6분 정도, 속까지 익게 튀긴다.

5. フライパンに[ヤンニョムジャン]の材料を入れて沸騰させた後、火を消したところに④を入れて、ヤンニョムジャンがよく絡まるように混ぜる。
팬에 [양념장] 재료를 넣고 끓인 후 불을 끄고 ④를 넣고 양념장이 잘 묻도록 섞는다.

6. ⑤を器に盛り、ゴマや刻んだピーナッツを振りかけた後、レモンとパセリで飾りつける。
⑤를 그릇에 담고 깨나 다진 땅콩을 뿌린 후 레몬과 파슬리로 장식을 한다.

김가루주먹밥

2. 海苔混ぜ込みおにぎり ──

材料(4人前)	재료(4인분)
白米　1カップ	흰쌀　1컵
韓国海苔　15g	한국 맛김　15그램
昆布　1枚(5*5cm)	다시마　1장(5*5cm)
[ご飯の味付け]	[밥 간]
ごま油　大さじ1	참기름　1큰술
塩　小さじ1	소금　1작은술
いりごま　大さじ1	통깨　1큰술

❖ 料理に関する由来及び説明 (요리에 대한 유래나 설명)

　　簡単で手軽に作って食べられて満足度も高いので、おかずがない時や小腹が空いた時におすすめだ。海苔の他にもツナやちりめんじゃこ、野菜を細かく切って入れ、おにぎりにすれば成長期の子どもの栄養面でも充分なおやつになる。

　　간단하고 간편하게 만들어 먹을 수 있고 만족도도 높기 때문에 반찬이 없을 때나 간식이 생각날 때 추천 드린다. 김 외에도 참치나 멸치, 야채를 잘게 썰어 넣고 주먹밥을 만들면 성장기 아이들의 영양면에서도 부족하지 않은 간식이 된다.

作り方 (만드는 법)

Ⅰ. おにぎり用のご飯は普段より水の量を少し減らして塩小さじ1を入れて炊く。
　＊韓国海苔に塩が入っているので、ご飯を炊く時に塩は少なめに入れる。
주먹밥용 밥은 평상시 보다 물을 살짝 줄이고 소금 1작은술을 넣어 짓는다.
　＊한국 맛김에 소금이 들어 있으므로 밥을 지을 때 소금은 적게 넣는다.

2. 海苔はビニール袋に入れ、手で揉んで粉にする。
김은 비닐봉지에 넣고 손으로 비벼 가루를 만든다.

3. ご飯が炊けたら、塩以外の[ご飯の味付け]を入れて
混ぜる。②を入れて混ぜてから小さなおにぎりを作
る。おにぎり1個あたり35グラム程度が良い。
　*米1カップでご飯を炊くと13~15個程度できる。
밥이 되면 소금을 제외 한 [밥 간]을 넣어 섞는다. ②를
넣고 섞어 준 다음 작은 주먹밥을 만든다. 주먹밥 1개당
35그램 정도가 적당하다.
　*쌀 1컵으로 밥을 지으면 주먹밥 13~15개 정도가 나온다.

4. きれいに丸めたおにぎりを器に盛れば完成。
　*キムチや塩辛をのせて食べると、より多くの味が楽
しめる。
예쁘게 만든 주먹밥을 그릇에 담으면 완성.
　*김치나 젓갈류를 얹어서 먹으면 더욱 다양한 맛을 즐
길 수 있다.

소떡소떡

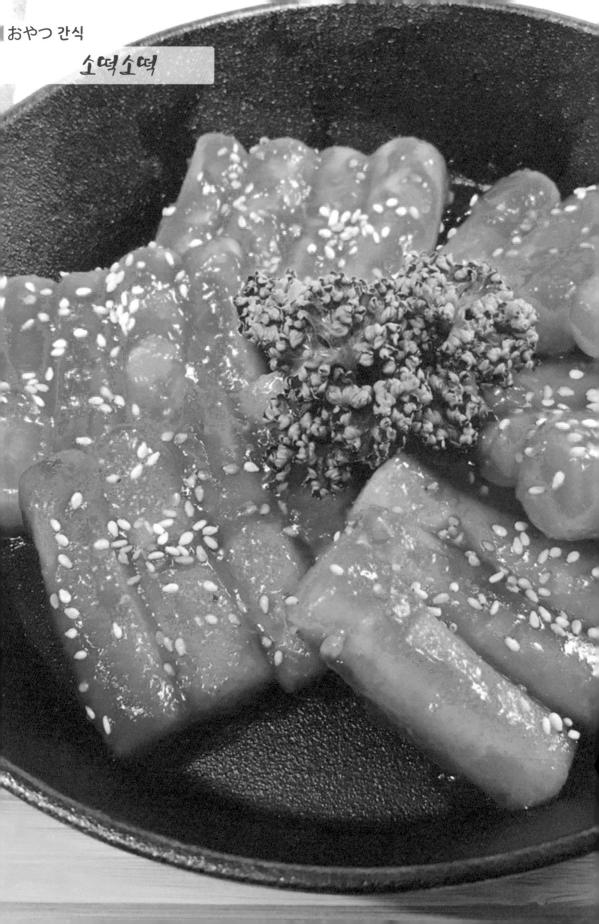

3. ソットクソットク

材料(4人前)	재료(4인분)
トッポッキの餅　20個(約200g)	떡볶이떡　20개 (약200그램)
ソーセージ　20個(約150g)	소세지　20개(약150그램)
サラダ油　少々	식용유　조금
[ヤンニョムジャン]	[양념장]
オリゴ糖　大さじ3	올리고당　3큰술
砂糖　大さじ2	설탕　2큰술
コチュジャン　大さじ2	고추장　2큰술
ケチャップ　大さじ4	케찹　4큰술
醤油　大さじ1	간장　1큰술
おろしにんにく　大さじ1	간 마늘　1큰술
ごま油　大さじ1	참기름　1큰술
水　1/2カップ	물　1/2컵
[盛り付け]	[고명]
刻んだピーナツやいりごま　20g	다진 땅콩이나 통깨　20그램
パセリ　少々	파슬리　조금

❖ 料理に関する由来及び説明 (요리에 대한 유래나 설명)

　　ソットクソットクは餅とソーセージを交互に串に刺してコチュジャンのたれを付けて焼いて食べる料理で、屋台や高速道路のサービスエリアで広く販売されている。若者のおやつとしても人気のある食べ物である。

　　소떡소떡은 떡과 소시지를 번갈아 꼬치에 꽂고 고추장 양념장을 묻혀서 구워 먹는 음식으로, 포장마차나 고속도로 휴게소에서 널리 판매되고 있다. 청소년들 간식으로도 인기가 있는 음식이다.

作り方 (만드는 법)

1. トッポッキとソーセージを沸騰させたお湯に入れて、
   軽く湯通しした後、水気を切る。
   떡볶이와 소시지를 끓는 물에 살짝 데쳐 물기를 뺀다.

2. トッポッキとソーセージを交互に串に刺す。
   떡볶이와 소시지를 번갈아 꼬치에 꽂는다.

3. [ヤンニョムジャン]を作って鍋に入れて沸騰させる。
   [양념장]을 만들어 냄비에 담아 끓인다.

4. サラダ油を引いたフライパンに②を入れて両面1分
　ほど餅とソーセージが柔らかくなるまで焼く。
　식용유를 두른 팬에 ②를 넣어 앞뒤로 1분 정도 떡과 소
　시지가 말랑말랑하게 될 때까지 굽는다.

5. こんがり焼けたら③の[ヤンニョムジャン]につけて再
　び焼く。
　노릇노릇하게 구워지면 ③의 [양념장]에 묻혀서 다시 굽
　는다.

6. 完成したら器に盛り、[盛り付け]の刻んだピーナツや
　いりごま、パセリを上にのせる。
　* モッツァレラチーズやパルメザンチーズの粉をか
　けるとさらに多様な味を楽しめる。
　완성되면 그릇에 담고 [고명]의 다진 땅콩이나 통깨, 파슬리
　를 위에 얹는다.
　* 모차렐라 치즈나 파르메산 치즈 가루를 뿌리면 더욱 다
　양한 맛을 즐길 수 있다.

약밥케이크

4. 薬飯ケーキ

材料(4人前)	재료(4인분)
もち米　3カップ	찹쌀　3컵
なつめ　15個	대추　15알
栗　15個	밤　15개
くるみ　1カップ	호두　1컵
カボチャの種　15g	호박씨　15그램
銀杏の水煮　15個	삶은 은행　15개
干しぶどう　1/2カップ	건포도　1/2컵
[薬飯の味付け]	[약밥 간]
なつめを煮込んだ水　2と1/2カップ	대추 우린 물　2와 1/2컵
黒砂糖　2/3カップ	흑설탕　2/3컵
蜂蜜　大さじ3	꿀　3큰술
しょう油　大さじ2	간장　2큰술
シナモンパウダー　小さじ1	계피가루　1작은술
塩　小さじ1	소금　1작은술
ごま油　大さじ1	참기름　1큰술
[盛り付け]	[고명]
くるみ　少々	호두　조금
なつめ　少々	대추　조금
かぼちゃの種　少々	호박씨　조금

❖ 料理に関する由来及び説明 (요리에 대한 유래나 설명)

　薬飯 (ヤクパプ) はもち米に蜂蜜や黒砂糖、ごま油、ナツメ、クルミ、松の実、栗などを入れて蒸した陰暦 1 月 15 日に食べる節句のご馳走だ。特別な行事やお祝いの席で出される料理で、「ヤクシク (薬食)」、「ヤクパン (薬飯)」とも呼ばれる。薬飯の由来はこうだ。新羅 21 代の炤知王が 1 月 15 日に天泉亭にお出ましの時、カラスが飛んで来て危機を知らせてくれた。カラスのおかげで危機を逃れた王はカラスに敬意を表して 1 月 15 日を烏忌日とし、黒いおこわを炊いて祭祀を執り行ったといわれ、この風習が今の薬飯に変化した。幼い頃家で食べたもちもちして甘い味が今でも時々懐かしくなって作る。みなさんも特別な日に薬飯ケーキを作って味わってほしい。

　약밥은 찹쌀에 꿀 또는 흑설탕, 참기름, 대추, 호두, 잣, 밤 등을 넣고 찐 음식으로 정월 대보름에 먹는 절식(節食)이다. 특별한 행사나 잔칫상에 오르는 음식으로 '약식', '약반'으로도 불린다. 약밥의 유래는 다음과 같다. 신라 21대 소지왕이 정월 15일에 천천정(天泉亭)으로 행차할 때 까마귀가 날아와 위기에 처함을 알려줬다고 한다. 까마귀 덕에 위기를 모면할 수 있었던 왕은 까마귀를 기리기 위해 정월 15일을 오기일(烏忌日)로 정하고 검은 찰밥을 지어 제사를 지냈다고 하는데 이러한 풍습이 지금의 약밥으로 변하게 되었다. 어릴 때 집에서 먹었던 쫄깃쫄깃하고 달콤한 맛이 지금도 생각나서 가끔 만들어 보곤 한다. 여러분도 특별한 날 약밥케이크를 만들어 맛보시기 바란다.

作り方 (만드는 법)

1. もち米はきれいに洗って3時間以上水に浸した後、ざるにあげて水気を切る。
   찹쌀은 깨끗하게 씻어 3시간 이상 물에 불려 체에 밭친 후 물기를 제거한다.

2. なつめは水3カップ程度でもどし、かつらむきをして種を取った後、なつめをもどした水となつめの種を入れて中火で煮る。
   대추는 물 3컵 정도에 불려, 돌려 깎기를 해서 씨를 뺀 후 대추 불린 물과 대추씨를 넣고 중불에서 끓인다.

3. ②のなつめはくるくる巻いて切り、なつめの花を作る。干しぶどうは軽く水でもどして柔らかくする。栗とくるみは食べやすい大きさに切る。かぼちゃの種と茹でた銀杏を用意する。
   ②의 대추는 돌돌 말아 잘라서 대추꽃을 만든다. 건포도는 살짝 물에 불려 부드럽게 한다. 밤과 호두는 먹기 좋은 크기로 자른다. 호박씨와 삶은 은행을 준비한다.

4. [薬飯の味付け]の材料をよく混ぜて溶かす。ごま油は最後に入れて冷ます。

[약밥 간]의 재료를 잘 섞어 녹인다. 참기름은 마지막에 넣고 식힌다.

5. 炊飯器に①、なつめの花以外の③、④を入れてご飯を炊く。なつめの花、くるみ、かぼちゃの種は[盛り付け]用に少しだけ残しておく。

전기밥솥에 ①, 대추꽃 이외의 ③, ④를 넣고 밥을 짓는다. 대추꽃, 호두, 호박씨는 [고명]용으로 조금만 남겨놓는다.

6. 薬飯が炊けたらごま油大さじ1を入れてよく混ぜる。ケーキの型に薬飯を入れて[盛り付け]を載せれば完成。
＊ラップで個別包装して冷凍保管も可能。食べたい時に電子レンジで温めればおやつはもちろん食事の代わりにもなる。

약밥이 지어지면 참기름 1큰술을 넣고 잘 섞는다. 케이크 틀에 약밥을 넣고 [고명]을 얹으면 완성.
＊랩으로 개별 포장을 하여 냉동 보관도 가능. 먹고 싶을 때 전자레인지에 돌리면 간식은 물론 식사 대용도 된다.

인절미

5. インジョルミ

材料(4人前)	재료(4인분)
もち米粉　1カップ	찹쌀가루　1컵
湯(約70℃)　1カップ	뜨거운 물(약 70도)　1컵
[餅の味付け]	[떡 간]
砂糖　大さじ1と1/2	설탕　1과 1/2큰술
塩　小さじ1/2	소금　1/2작은술
[きな粉の味付け]	[콩가루 간]
きな粉　35g	콩가루　35그램
砂糖　大さじ1と1/2	설탕　1과 1/2큰술
塩　小さじ1/2	소금　1/2작은술
[盛り付け]	[고명]
なつめ　2個	대추　2알

❖ 料理に関する由来及び説明 (요리에 대한 유래나 설명)

　インジョルミ (引截米) はもち米を水に浸して蒸した後、臼で搗いて食べやすく切り、粉をまぶした餅だ。由来は 1624 年に朝鮮 16 代仁祖王が公州公山城に逃れた際、イムという名の者が餅を献上した。それを味わった仁祖が「餅の味わいが格別だ!」と言って、作った者の姓「イム」と味が抜きんでているという意の「ジョルミ」を合わせて「イムジョルミ」と名づけたという。現代では発音が変化し「インジョルミ」と呼ばれている。韓国の伝統的な餅だが、家でも簡単に電子レンジで作れる。みなさんも格別な味を楽しんでほしい。

　인절미(引截米)는 찹쌀을 불려서 찐 후 절구에 찧어서 먹기 좋게 잘라서 고물을 묻혀 만든 떡이다. 유래는 1624년 조선 16대 인조 임금님이 공주 공산성에 피난을 갔을 때 임 씨 성을 가진 자가 떡을 바쳤다. 그 떡을 맛본 인조가 '떡 맛이 절미로구나!' 라고 해서 만든 이의 성 '임'과 맛이 빼어나다는 '절미'를 합해서 '임절미'로 이름을 지었다고 한다. 현대에서는 발음이 변화되어 '인절미'로 불리고 있다. 한국의 전통적인 떡이지만 집에서도 간단하게 전자레인지로 만들 수 있다. 여러분도 별미를 즐겨보시기 바란다.

作り方 (만드는 법)

1. 耐熱容器にもち米粉を入れ[餅の味付け]をする。
   전자레인지용 그릇에 찹쌀가루를 담고 [떡 간]을 한다.

2. 湯を注ぎ入れながら、スプーンでよく混ぜる。
   따뜻한 물을 부어가며 숟가락으로 잘 섞는다.

3. ②の器にラップをして電子レンジに入れて、600Wで
   2分加熱してから取り出して混ぜる。
   ②의 그릇에 랩을 하고 전자레인지에 넣고 600W에서
   2분 가열 후 꺼내서 섞는다.

4. ③の工程を3回ほど繰り返すと粘り気のある餅ができる。
　③의 과정을 3번 정도 반복하면 찰진 떡이 만들어진다.

5. [きな粉の味付け]の材料を混ぜておいた器に、④を
　入れる。
　[콩가루 간] 재료를 섞어 놓은 그릇에 ④를 넣는다.

6. 一口サイズに切り、手で小さく丸めて、きなこをまぶ
　して器に盛れば完成。
　＊お好みで[盛り付け]としてかつらむきしたなつめを
　丸めて切った後、餅の上に載せる。
　한입 크기로 잘라 손으로 작고 둥근 모양으로 만들어 콩
　가루를 묻혀 그릇에 담으면 완성.
　＊취향에 따라 [고명]으로 돌려 깎기를 한 대추를
　말아 썬 후 인절미 위에 얹는다.

	カテゴリー・メニュー			調理器具・分量	
1	韓国料理	한식	31	秤	저울
2	主食	주식	32	計量カップ	계량컵
3	副食	부식	33	箸	젓가락
4	デザート	후식	34	スプーン	숟가락
5	おやつ	간식	35	お玉	국자
6	豆もやしごはん	콩나물밥	36	フライ返し	뒤집개
7	えごまカルグクス	들깨칼국수	37	泡だて器	거품기
8	牡蠣のトック	굴떡국	38	ボウル	볼
9	豆乳そうめん	콩국수	39	ざる	채반
10	かぼちゃ粥	호박죽	40	盆	쟁반
11	お盆混ぜそば	쟁반막국수	41	やかん	주전자
12	海鮮チヂミ	해물파전	42	鍋	냄비
13	じゃがいもチヂミ	감자전	43	フライパン	프라이팬
14	牛骨トガニスープ	사골도가니탕	44	炊飯器	밥솥
15	チャプチェ	잡채	45	蒸し器	찜솥
16	クジョルパン	구절판	46	ミキサー	믹서
17	ポッサム	보쌈	47	電子レンジ	전자레인지
18	プデチゲ	부대찌개	48	グリル	그릴
19	爆弾ケランチム	폭탄계란찜	49	パン焼き器	제빵기
20	豆もやしと干し鱈のスープ	콩나물북엇국	50	鉄板	구이판
21	どんぐりのムクの和え物	도토리묵무침	51	冷蔵庫	냉장고
22	プルコギ	불고기	52	コーヒーメーカー	커피메이커
23	さば大根の甘辛煮	고등어무조림	53	オーブン	오븐
24	トマトキムチ	토마토김치	54	カップ	컵
25	キムチ	김치	55	グラム	그램
26	ヤンニョムチキン	양념치킨	56	大さじ	큰술
27	海苔混ぜ込みおにぎり	김가루주먹밥	57	小さじ	작은술
28	ソットクソットク	소떡소떡	58	つまみ	꼬집
29	薬飯ケーキ	약밥케이크	59	少々	조금
30	インジョルミ	인절미	60	適量	적량

	味・調味料			調理用語	
61	香ばしい	고소하다	91	炒める	볶다
62	脂っこい	느끼하다	92	焼く	굽다
63	甘い	달다	93	刻む	썰다
64	淡白だ	담백하다	94	切る	자르다
65	渋い	떫다	95	茹でる	삶다
66	おいしい	맛있다	96	沸かす	끓이다
67	ぴりっとする	매콤하다	97	煮詰める	조리다
68	辛い	맵다	98	蒸す	찌다
69	生臭い	비리다	99	ゆがく	데치다
70	酸っぱい	시다	100	揚げる	튀기다
71	薄い	싱겁다	101	裏返す	뒤집다
72	苦い	쓰다	102	載せる	얹다
73	塩辛い	짜다	103	盛る	담다
74	醤油	간장	104	行き渡らせる	두르다
75	コチュジャン	고추장	105	混ぜる	섞다
76	味噌	된장	106	絞る	짜다
77	酢	식초	107	寝かす	재우다
78	塩	소금	108	入れる	넣다
79	砂糖	설탕	109	みじん切りにする	다지다
80	胡椒	후추	110	混ぜ合わせる	비비다
81	料理酒	요리주	111	取り除く	빼다
82	梅シロップ	매실청	112	味見する	맛보다
83	あみの塩辛	새우젓	113	作る	만들다
84	粉唐辛子	고춧가루	114	加熱する	가열하다
85	ごま油	참기름	115	流れる	흐르다
86	水飴	물엿	116	水気	물기
87	からし	겨자	117	におい	냄새
88	いわしエキス	멸치액젓	118	さっと	살짝
89	はちみつ	꿀	119	先に	먼저
90	サラダ油	식용유	120	残り	나머지

著者紹介

1. 朴正娥（パク・チョンア）

　韓国の首都料理学院で趣味として韓国料理と日本料理を学んだことがきっかけで料理と外食業に魅力を感じるようになる。日本に留学して関連分野を専攻。

　現在、駐日神戸韓国教育院で韓国料理を含む韓国文化及び韓国語の普及に力を入れており、「韓国料理教室」の講師としても活動するなど、現地で「本場の味」の韓国料理を広めるために料理研究家として活動中。

〈専攻および資格〉

韓国：

・首都料理学院：韓国料理、日本料理
　− 資格：韓国料理調理師、日本料理調理師、児童料理指導士１級

日本：

・辻調理師専門学校：日本料理、西洋料理専攻
・大阪女子短期大学：食品栄養専攻
・流通科学大学：サービス産業学部、観光・ホテル・外食業などのサービス業専攻
・流通科学大学大学院：商学部、流通・マーケティング専攻、外食業界における経営戦略研究
　− 資格：調理師、ふぐ調理師、食品技術管理専門士、栄養士、薬膳料理コーディネーター、食空間アドバイザー

1. 박정아

한국의 수도요리학원에서 취미로 한식과 일식을 배운 것이 계기가 되어 요리와 외식업에 매력을 느끼게 됨. 일본으로 유학하여 관련 분야를 전공
현재 주일고베한국교육원에서 한국요리를 포함한 한국문화와 한국어 보급에 주력하고 있으며, '한국요리교실' 강사로도 활동하는 등 현지에 '본고장의 맛' 한국요리를 알리기 위해 요리연구가로 활동 중

〈전공 및 자격〉
한국:
· 수도요리학원: 한식, 일식
　-자격증: 한식조리기능사, 일식조리기능사, 아동요리지도사 1급

일본:
· 츠지조리사전문학교: 일식, 서양요리 전공
· 오사카여자전문대학: 식품영양전공
· 유통과학대학: 서비스산업학부, 관광·호텔·외식업 등 서비스 전공
· 유통과학대학대학원: 상학부 유통·마케팅전공, 외식업계 경영 전략 연구
　-자격증: 영양사, 조리사, 복어조리사, 식품기술관리전문사, 약선음식코디네이터, 식공간연출어드바이저

2. 石塚由佳(イシヅカ・ユカ)

関西学院大学ほか韓国語講師、韓国国立群山大学ほか日本語講師を経て
現在、韓国で通訳・翻訳家として活動中。
神戸大学大学院博士課程　修了
　－資格：高等学校教諭一種普通免許状（韓国語）

2. 이시즈카 유카

간세이학원대학 외 한국어강사, 한국국립군산대학 외 일본어강사를 거쳐,
현재 한국에서 통역 및 번역가로 활동 중
고베대학대학원 박사과정 졸업
　-자격증: 고등학교교사1종보통면허증

3. 文雅炫(ムン・アヒョン)

在外同胞を対象に韓国語及び韓国文化普及活動中
・在日本韓国民団兵庫県地方本部　事務副局長
・準学校法人　兵庫韓国学園　韓国語講師
・神戸韓国教育院　韓国語講師
・公益財団法人　神戸YWCA　韓国語講師
・神戸学生青年センター　韓国語講師
　－資格：韓国政府文化観光体育部発行　韓国語教員資格

3. 문아현

재외동포를 대상으로 한국어 및 한국문화 보급 활동 중
・재일본한국민단 효고현지방본부 사무부국장
・준학교법인 효고한국학원 한국어강사
・고베한국교육원 한국어강사
・공익재단법인 고베YWCA 한국어강사
・고베학생청년센터 한국어강사
　-자격증: 한국정부 문화관광체육부발행 한국어교원자격

「本場の味」韓国料理25選 – '본고장의 맛' 한국요리 25선

発 行 日   2023年9月29日

著　　者   朴正娥 (박정아)
　　　　　　石塚由佳 (이시즈카 유카)
　　　　　　文雅炫 (문아현)
編　　集   金善敬
発 行 人   中嶋　啓太

発 行 所   博英社
　　　　　　〒 370-0006 群馬県 高崎市 問屋町 4-5-9 SKYMAX-WEST
　　　　　　TEL 027-381-8453 / FAX 027-381-8457
　　　　　　E·MAIL hakueisha@hakueishabook.com
　　　　　　HOMEPAGE www.hakueishabook.com

ISBN　　　 978-4-910132-50-1

ⓒ 朴正娥, 石塚由佳, 文雅炫 2023, Printed in Korea by Hakuei Publishing Company.

＊乱丁·落丁本は、送料小社負担にてお取替えいたします。
＊本書の全部または一部を無断で複写複製(コピー)することは、著作権法上での例外を除き、禁じられています。

定　　価   1,760円 (本体 1,600円)